DE
BOODSCHAP
VAN HET
KRUIS

DE
BOODSCHAP
VAN HET
KRUIS

Dr. Jaerock Lee

URIM BOOKS

DE BOODSCHAP VAN HET KRUIS door Dr. Jaerock Lee
Gepubliceerd door Urim Books (Vertegenwoordiger: Seongkeon Vin)
235-3, Guro-dong 3, Guro-gu, Seoul, Korea
www.urimbooks.com

Tenzij anders vermeld, zijn alle schriftgedeeltes overgenomen van de heilige Bijbel, NBG vertaling. ®, Copyright © 1951

Copyright © 2012 door Dr. Jaerock Lee
ISBN: 978-89-7557-527-3
Vertaling Copyright © 2008 door Dr. Esther K. Chung. Gebruikt met toestemming.

Voorheen gepubliceerd in het Koreaans door Urim Books in 2002

Eerste uitgave februari 2012

Bewerkt door Dr. Geumsun Vin
Ontworpen door de uitgeverij van Urim Books
Voor meer informatie neem contact op via: urimbook@hotmail.com

INLEIDING

Wensende dat je het hart van God begrijpt en Zijn grote plan in liefde en een standvastig fundament te leggen voor uw geloof.

De Boodschap van het Kruis heeft ontelbare mensen geleid op het pad van redding sinds 1986 en heeft ontelbare werken van de Heilige Geest laten zien door de vele overzeese campagnes. Ten slotte heeft God de Vader mij gezegend om het te publiceren. Ik geef alle dank en glorie aan Hem!

Vele mensen zeggen dat ze in God de Schepper geloven en de liefde van Zijn Zoon Jezus Christus kennen, maar zijn niet in staat om het evangelie te verkondigen met vrijmoedigheid en zelfvertrouwen. In feite, zijn er maar enkele Christenen die het hart en de voorzienigheid van God begrijpen. Bovendien, zijn er sommige christenen gescheiden van God, omdat ze geen duidelijk antwoord hebben ontvangen op de vele vragen die in de Bijbel zijn, noch de geheime voorzienigheid van Gods liefde begrepen hebben.

Bijvoorbeeld, wat zou u antwoorden als u de volgende drie vragen gesteld werden: "Waarom plaatste God de boom van kennis van goed en kwaad en liet Hij de mens van de boom eten?" "Waarom schiep God de hel ook al offerde Hij Zijn Zoon Jezus Christus voor de zondaren?" en "Waarom is Jezus de enige Redder?"

Gedurende de eerste jaren van mijn Christelijke leven, was ik niet in staat om Gods diepe voorzienigheid van de schepping te begrijpen en Zijn geheime voorzienigheid verborgen in het kruis. Nadat ik geroepen werd als dienaar van het evangelie, begon ik mijzelf af te vragen, "Hoe kan ik ontelbare mensen leiden naar de weg van redding en God verheerlijken?" 't Begon me te dagen dat ik alle woorden van de Bijbel zou begrijpen inclusief de Schriftgedeeltes die moeilijk te begrijpen waren, door de uitleg van God en ze te preken over de wereld. Ik vastte zo vaak als ik kon en bad daarvoor. Er gingen zeven jaren voorbij, voordat God ze aan mij begon te openbaren.

In 1985, terwijl ik vurig aan het bidden was, werd ik vervuld met de Heilige Geest. Hij begon me uit te leggen het geheim van Gods voorzienigheid dat verborgen was. Het was de "Boodschap van het Kruis." Ik preekte het gedurende 21 weken, iedere zondag ochtend dienst. De cassettebandjes met de "Boodschap van het Kruis" hebben ontelbare mensen beïnvloed in het binnen- en buitenland. Overal waar de Boodschap van het Kruis gepreekt werd, werkte de Heilige Geest als een brandend vuur. Vele mensen bekeerden zich van hun zonden en werden genezen van hun ziektes of kwalen. Ze wierpen hun twijfels weg over de voorzienigheid van God en kregen echt geloof en eeuwig leven. Tot die tijd kenden ze God en Zijn diepe liefde niet echt. Ze begonnen Gods plan te begrijpen, ontmoetten Hem, en hebben hoop op een eeuwig leven door deze boodschap.

Als je duidelijk begrijpt waarom God de boom van kennis van goed en kwaad heeft geplaatst in de hof van Eden, dan kan je Zijn voorzienigheid voor de menselijke beschaving begrijpen en kan je God nog meer lief hebben. Bovendien, door het echte doel van het leven te weten, zal je in staat zijn om tegen de zonde te vechten tot bloedens toe. Probeer je best te doen om te lijken op het hart van de Heer Jezus Christus, en wees getrouw aan God, zelfs tot op het punt van de dood.

De Boodschap Van het Kruis zal u Gods geheime voorzienigheid die verborgen is in het Kruis laten zien en u helpen om een standvastig fundament te leggen voor een echt en goed Christelijk leven. Daarom, zal iedereen die dit boek leest in staat zijn om Gods diepe voorzienigheid en liefde te begrijpen, echt geloof hebben en een christelijk leven vestigen en leiden, wat welgevallig is in Zijn ogen.

Ik geef mijn dank aan de directeur en leidinggevend personeel van de Editorial Bureau (redactioneel kantoor) die al hun inzet hebben gegeven om dit werk te publiceren. Ik geef ook mijn dank aan het vertaal kantoor.

Dat ontelbare mensen de diepe voorzienigheid van God mogen begrijpen, de God van liefde ontmoeten en gered worden als ware kinderen van God – dit alles bid ik in de naam van de Heer Jezus Christus!

Jaerock Lee

INTRODUCTIE

De Boodschap van het Kruis is de wijsheid en kracht van God, en een krachtige boodschap die iedere christen over de hele wereld moet omarmen!

Ik geef alle dank en glorie aan God, de Vader die ons geleid heeft om dit boek *De Boodschap van het Kruis* te publiceren. Vele leden van de Manmin over de hele wereld hebben uitgekeken naar de uitgave ervan. Dit boek heeft een duidelijk antwoord op vele vragen, die vele christenen zich hebben afgevraagd: "Wat was God de Schepper voor het begin?" "Waarom heeft God de mens geschapen en hen op de aarde laten leven?" Waarom heeft God de boom van kennis van goed en kwaad geplaatst in de Hof van Eden?" "Waarom zond God zijn Ene en enige Zoon als een verzoen offer?" "Waarom heeft God de voorzienigheid van redding gepland door een ruw houten kruis?" en zoveel vragen meer.

Dit boek bestaat uit Geestvervulde boodschappen, gepreekt door Dr. Jaerock Lee en licht toe om te kennen en te begrijpen de diepe, brede en grote liefde van God.

Hoofdstuk 1, "God de Schepper en de Bijbel," stelt God aan u voor hoe Hij te midden van u werkt. Door dit hoofdstuk zal u het bewijs vinden van de levende God en de echtheid van de Bijbel realiseren in het licht van de geschiedenis van de mensheid. Meer nog, het bewijst dat de Evolutie theorie vals is en de schepping van God echt is.

Hoofdstuk 2, "God schiep en verzorgde de mens," dat getuigd dat God alle dingen in het universum geschapen heeft en de mens gevormd heeft naar Zijn beeld. Bovendien, onderwijst dit hoofdstuk u de ware betekenis van het menselijke leven en het doel van Zijn grootbrengen van mensen als Zijn ware geestelijke kinderen.

Hoofdstuk 3, "De boom van kennis van goed en kwaad," voorziet in de antwoorden van de fundamentele vragen van alle christenen: Waarom plaatste God de boom van kennis van goed en kwaad? Dit hoofdstuk legt de reden tot in detail uit en helpt u de diepere liefde en mysterieuze voorzienigheid van God te begrijpen die de mensheid op de aarde koestert.

Hoofdstuk 4, "Het geheim verborgen van voor het begin der tijden," verklaart de relatie tussen de wet van lossing van het land en de geestelijke wet van de redding van mensen (Leviticus 25). Het verklaart ook dat alle mensen de weg van de dood moesten gaan, vanwege hun zonden, maar God bereidde een wonderbaarlijke weg voor hun redding van voor het begin der tijden. Uiteindelijk, onderwijst het u waarom God de weg van de redding van de mensheid verborgen heeft tot Zijn verkozen tijd en hoe Jezus voldoet aan de voorwaarden van de wet van de lossing van het land.

Hoofdstuk 5 "Waarom is Jezus onze enige Redder?" legt uit hoe Gods plan voor de redding van de mensheid, verborgen was, vanaf het begin der tijden en vervuld werd door Jezus, de reden van Zijn kruisiging, de zegeningen en de rechten van de kinderen van God, de betekenis van de naam "Jezus Christus", de reden waarom God geen andere naam gaf dan de naam van Jezus Christus onder de hemel door welke de mensen gered moeten worden, en zo verder. U zal de onmetelijke liefde van God voelen als u de geestelijke betrokkenheid van de boodschap begrijpt weergegeven in dit hoofdstuk.

Hoofdstuk 6, "De voorzienigheid van het Kruis," licht toe met de diepe betekenis van Jezus' lijden. Waarom werd Jezus geboren in een stal en lag in een kribbe, als Hij werkelijk de Zoon van God was? Waarom was Hij Zijn hele leven arm? Waarom werd Hij geslagen over Zijn hele lichaam, gekroond met een doornen kroon, en genageld door Zijn handen en voeten? Waarom leed Hij pijn tot aan het punt van het laten vloeien van Zijn bloed en water? Dit hoofdstuk voorziet met precieze antwoorden op zulke vragen en helpt u de geestelijke betrokkenheid van Zijn lijden begrijpen. Alle soorten van ziektes en kwalen als ook problemen zoals armoede, tweedracht in de familie, moeilijkheden in zaken, en zo verder zullen opgelost worden wanneer u begrijpt en gelooft in de geestelijke betekenis van Jezus' lijden. Dit hoofdstuk helpt u om de diepe liefde van God te kennen, af te rekenen met alle kwaad, en deel te nemen aan de Goddelijke natuur.

Hoofdstuk 7, "De laatste zeven woorden van Jezus aan het Kruis," legt de geestelijke betrokkenheid van Jezus' zeven laatste woorden aan het kruis uit, net voordat Hij stierf. Door de laatste zeven woorden aan het Kruis, vervulde Hij Zijn opdracht die Hij van Zijn Vader God ontvangen had. Dit hoofdstuk benadrukt dat u Jezus' grote liefde voor de mensheid zult begrijpen, wachtend op Zijn wederkomst. En de goede strijd te strijden tot het einde met de hoop op de opstanding.

Hoofdstuk 8, "Waar geloof en eeuwig leven," verteld ons dat we één worden met onze Bruidegom Jezus Christus, alleen door waar geloof. De Bijbel waarschuwt ons voor sommige die zeggen dat ze in Jezus Christus als de Redder geloven, maar niet gered kunnen worden van de dag van het Oordeel. De Bijbel legt ook de nadruk op dat we niet alleen Jezus Christus moeten aannemen, maar ook op het eten van het vlees van de Zoon des mensen en te drinken van Zijn bloed om het eeuwige leven te bereiken. U kan echt geloof hebben dat u zal leiden op het pad van redding wanneer u Zijn vlees eet en Zijn bloed drinkt. Dit hoofdstuk onderwijst ook de natuur van echt geloof, hoe u het verkrijgt, en wat u moet doen om de volledige redding te bereiken.

Hoofdstuk 9, "Geboren uit water en uit de Geest," vermeld eerst het gesprek tussen Jezus en Nicodemus. Deze uitwisseling geeft de Boodschap van het Kruis weer. Uw hart moet constant vernieuwd worden door water en de Heilige Geest totdat Jezus Christus wederkomt en u moet uw gehele geest, ziel en lichaam onberispelijk bewaren tot de wederkomst van de Heer Jezus Christus, de tijd dat de Heer u zal ontvangen als Zijn mooie bruid.

Hoofdstuk 10, "Wat is ketterij?" doorvorst grondig de natuur van ketterij en bespreekt de negatieve en valse uitleg die vele Christenen daarover hebben. Vandaag de dag, vergissen of veroordelen mensen de krachtige werken van God als zijnde ketterij of verkeerde onvoorzichtigheid, omdat ze niet de Bijbelse definitie kennen van ketterij. Dit hoofdstuk waarschuwt u dat u nooit het werk van de Heilige Geest mag veroordelen als zijnde ketterij en het legt u uit hoe u de Geest van Waarheid kan onderscheiden van de geest van leugens, en over enkele ketterse denominaties. Uiteindelijk, benadrukt dit hoofdstuk dat u voortdurend moet waken en bidden en in de waarheid moet verkeren om niet te vallen in de verleidingen van de geest van de leugen.

De apostel Paulus zei over de Boodschap van het Kruis, de wijsheid van God, in
1 Korintiërs 1: 18, "*Want het woord des kruises is wel voor hen, die verloren gaan, een dwaasheid, maar voor ons, die*

behouden worden, is het een kracht Gods.'' Iedereen kan echt geloof hebben, de levende God ontmoeten en kan ten volle een Christelijk leven genieten wanneer hij het verborgen geheim van het Kruis begrijpt en de diepste voorzienigheid van Gods grote liefde voor de mensheid begrijpt.

De Boodschap van het Kruis is het basis onderwijs voor uw leven. Daarom, bid ik in de naam van de Heer dat u het fundament mag leggen voor uw christelijke leven en de volledige redding en eeuwig leven mag bereiken.

Geumsun Vin
Directeur van redactioneel kantoor

INHOUD

Hoofdstuk 8 _ **Waar geloof en eeuwig leven** • 179

- Wat een groot geheim is dit!
- Valse belijdenis leidt niet tot redding
- Het vlees en het Bloed van de Zoon des mensen
- Vergeving enkel door in het licht te wandelen
- Geloof met werken is echt geloof

Hoofdstuk 9 _ **Geboren uit water en de Geest** • 229

- Nikodemus komt tot Jezus
- Jezus helpt Nikodemus het geestelijke te begrijpen
- Wanneer geboren uit water en de Geest
- Drie getuigen: de Geest, het water en het bloed

Hoofdstuk 10 _ **Wat is ketterij?** • 245

- De Bijbelse definite van ketterij
- De Geest van waarheid en de geest der leugen

Hoofdstuk 1

GOD DE SCHEPPER EN DE BIJBEL

- God is de Schepper
- Ik ben die Ik ben
- God is alwetend en almachtig
- God is de auteur van de Bijbel
- Elk woord in de Bijbel is waar

In den beginne schiep God de hemel en de aarde.

Genesis 1:1

God is de Schepper

Vandaag, zijn er talloze boeken in de wereld, maar geen ander boek, dan de Bijbel geeft u een gedetailleerd en duidelijk antwoord op de vragen over het ontstaan en de schepping van het universum, en het begin en einde van het menselijke ras. De Bijbel geeft een duidelijk antwoord op de vraag over de oorsprong van het universum en leven. Genesis 1:1 zegt, *"In den beginne schiep God de hemel en de aarde"* en Hebreeën 11:3 zegt, *"Door geloof verstaan wij, dat de wereld door het woord Gods tot stand gebracht is, zodat het onzichtbare niet ontstaan is uit het waarneembare."* Niet al het zichtbare is gemaakt uit iets wat al bestond. Het werd geschapen vanuit "niets" op Gods bevel.

Mensen kunnen iets maken uit iets wat al bestaat, dat wil zeggen, materiaal wat al bestaat omvormen of combineren om zo iets anders te scheppen, maar hij kan niets scheppen uit niets. Het is ondenkbaar dat mensen een levend organisme zouden kunnen scheppen. Zelfs al heeft hij de wetenschappelijke technologie genoeg ontwikkeld om kunstmatige intelligentie (A.I.) te maken computers of kloon lammetjes, hij kan zelfs niet een amoeba scheppen vanuit niets.

Daarom, trekken mensen alleen levend organisme uit de

dingen die door God gegeven zijn, en combineren deze op verschillende manieren. Je moet weten dat het niet meer dan dat is.

Dus, je zou moeten weten dat alleen God in staat is om iets te scheppen vanuit niets. Alleen God de Schepper schiep het universum op Zijn bevel en controleert het gehele universum, wereldgeschiedenis, leven en dood, en de zegeningen en de vloeken van de mensheid.

Bewijsstukken die U laten geloven in God de Schepper

Alles – een huis, tafel, en zelfs een spijker – zijn door iemand ontworpen. Het is vanzelfsprekend dat er een ontwerper moet zijn van dit onmetelijke universum. Er zou een eigenaar moeten zijn die het schiep en die het beheerst. Dit is God, de schepper over wie de Bijbel ons herhaaldelijk vertelt.

Wanneer je om je heen kijkt, zijn er overvloedige bewijsstukken van de schepping. Een gemakkelijk voorbeeld, denk aan het enorme aantal mensen op de aarde. Ongeacht hun ras, leeftijd, geslacht, sociale status, en zo verder, heeft iedereen twee ogen, twee oren, één neus, en één mond.

Ondanks dat elk dier een gering verschil heeft met zijn soorten, heeft het dezelfde gezichtstructuur. Bijvoorbeeld, een olifant heeft een lange neus (slurf), maar het is in het midden van zijn gezicht, en het is boven zijn mond. Het is niet boven zijn ogen, onder zijn mond of bovenop zijn hoofd. Iedere olifant heeft twee neusgaten, twee ogen, twee oren en één mond. Alle vogels in de lucht, alle vissen in de oceaan of in de rivier, hebben dezelfde structuur. Niet alleen heeft ieder dier dezelfde gezichtsstructuur, maar de spijsvertering en reproductie systemen zijn bij ieder zoogdier ook identiek. Op dezelfde wijze, verteerd ieder zijn voedsel met zijn mond en alles wat in de mond komt, gaat in de maag en komt uit het lichaam. Alle zoogdier wijfjes met de tegenovergestelde geslacht geven geboorte aan hun nageslacht.

Wanneer je deze opvallende factoren samenbrengt, kan je waarschijnlijk niet zeggen dat het een samenvallen of het bewijs is van de evolutie voorgeschreven door "alleen de sterkste overleeft". Niets van dit alles kan uitgelegd worden door de evolutie theorie.

Daarom, het feit dat beide menselijke wezens en dieren dezelfde structuur van organismen hebben, zou voldoende moeten zijn als een bewijs dat alles geschapen en ontworpen werd door God, de Schepper. Als God niet de enige God was, maar één van de vele goden, zouden de schepsels verschillende aantallen van organen hebben en verschillende lichamelijke structuren en plaatsen.

Bovendien, wanneer je de natuur en het universum van dichtbij bekijkt, kan je zelfs nog meer bewijzen vinden van de schepping. Hoe wonderlijk is het om te weten dat alle dingen in het zonnestelsel zoals de omwenteling en de draaiing van de aarde werken, zonder de geringste fout!

Kijk naar het horloge om je pols. Binnenin zijn er een groot aantal nauwkeurige delen. Het zal niet werken, ook al mist het maar een klein onderdeel. Dus, dit universum was ontworpen om te werken onder Gods voorzienigheid.

Bijvoorbeeld, noch de mens noch een andere vorm van leven kan bestaan zonder de maan die om de aarde wentelt. De maan kon niet een beetje verder of dichter geplaatst worden bij de aarde dan zijn huidige plaats. God plaatste het op de juiste afstand zodat de mensen op aarde kunnen leven. Vanwege de huidige positie van de maan, en de zwaartekracht van zijn aantrekking maakt deze eb en vloed in de zee. Deze getijden schept de zee om te schudden en te reinigen. Op gelijke wijze, waren alle dingen in het universum gemaakt om nauwkeurig te bewegen overeenkomstig Gods voorzienigheid.

Waarom geloven sommigen niet in God de Schepper?

Sommige mensen geloven in God, de Schepper en leven overeenkomstig Zijn woord. Waarom geloven mensen, die kunnen redeneren en zoeken naar een antwoord voor alles in de wetenschap, niet in God, de Schepper?

Als je geleerd hebt dat God leeft en de Almachtige Schepper is van de getrouwe christenen sinds hun kinderjaren, zou het niet moeilijk zijn om te geloven in God de Schepper.

En toch, vandaag, zijn velen beïnvloed door de evolutieleer sinds hun jeugd, en er is zoveel "kennis" wat niet noodzakelijk allemaal de waarheid is. Je verenigt je ook met hen die niet in God geloven of aan Hem twijfelen.

Na geleefd te hebben in zo'n omgeving, als je naar de kerk gaat en het woord van God hoort, ben je dikwijls in twijfel en conflict en kan je niet geloven dat God de Schepper is, omdat je vroegere kennis tegenspreekt met dat wat je leert en hoort in de kerk.

Zolang je niet afrekent met de gedachten of kennis die je geleerd hebt in de wereld, ook al ga je regelmatig naar de kerk, kan je geen geestelijk geloof hebben – door God opgewekt – dat ver boven elke twijfel uitgaat.

Je kan niet in het hemelse koninkrijk of de hel geloven zonder geestelijk geloof. Je beschouwt de zichtbare wereld als de enige wereld en leeft je eigen wegen.

Hoe vaak zie je sommige theorieën, die het ene moment erkent en goedgekeurd waren, en die daarna herzien of vervangen worden door nieuwe theorieën? Zelfs als dat niet het nauwkeurige geval is, is het waar dat overeenkomende theorieën en beweringen, later voortdurend worden herzien of worden aangevuld met nieuw ontdekte feiten.

Terwijl de tijd verder gaat en de wetenschap voortgaat, maken de mensen betere verklaringen en theorieën, zelfs als ze niet volkomen zijn. Ik zeg niet dat de onderzoeken van vele wetenschappers allemaal verkeerd zijn.

Er zijn nog steeds veel dingen op deze aarde die niet kunnen worden uitgelegd met de menselijke capaciteit, dus je moet dit feit erkennen.

Bijvoorbeeld, wanneer het over het universum gaat, ben je nog nooit naar de overkant van het universum geweest van de aarde, noch ben je ooit teruggegaan naar de Oudheid. Hoe dan ook, mensen proberen het universum te verklaren door verschillende theorieën en veronderstellingen op te stellen.

Voordat de mens naar de maan ging, veronderstelden we, "Misschien is er enig levend organisme daar of de organismen zijn misschien in dit zonnestelsel verder dan de aarde." Maar toch, nadat de mens naar de maan reisde, kondigden we aan, "Er is geen levend organisme daar." Vandaag de dag, zeggen wetenschappers, "Er is een mogelijkheid dat er levend organisme is op Mars" of "Er zijn enkele sporen van water op de Rode Planeet."

Ook al heb je gedurende een lange tijd onderzoek gedaan en je kennis verhoogd, als je niet de wil kent, de voorzienigheid en de kracht van God de Schepper, dan zul je eindigen met de beperkingen van de menselijke capaciteit onder ogen te zien.

Daarom zegt Romeinen 1: 20 *"Want hetgeen van Hem niet gezien kan worden, zijn Eeuwige kracht en goddelijkheid, wordt sedert de schepping der wereld uit zijn werken met het verstand doorzien, zodat zij geen verontschuldiging hebben."*

Iedereen die zijn hart opent en overdenkt, kan de kracht van God en Zijn goddelijke natuur door de schepping zoals de zon, maan en sterren voelen – voorwerpen door welke God jou toe staat om te weten dat Hij bestaat en om in Hem te geloven.

Ik ben die Ik ben

Horend over God, de Schepper, mogen vele mensen zich afvragen, "Hoe is Hij eerst ontstaan?" "Waar komt Hij vandaan?" of "Met welk uiterlijk bestaat Hij?"

De kennis en gedachten van mensen kunnen niet voorbij een

bepaald limiet gaan, welke voorschrijft dat er een begin en einde zou moeten zijn van alle wezens. Daarom vragen we een duidelijk antwoord op zulke vragen. Hoe dan ook, God bestaat boven menselijk begrijpen, dus Hij is Wie "was," "is," en "komen zal." Exodus 3 schildert een beeld waarin God Mozes een bevel geeft om de Israëlieten te leiden naar het land Kanaän. Mozes op zijn beurt vroeg God wat hij de Israëlieten moest antwoorden als ze hem naar de naam van God vroegen. Op dat moment, zei God tot Mozes *"Ik ben, die Ik ben."* En gaf hem het bevel om tot de Israëlieten te zeggen, *"Ik ben heeft mij tot u gezonden."* (Exodus 3:14).

"Ik BEN" is de zin die God gebruikt om naar Zichzelf persoonlijk te verwijzen, en betekent dat niemand Hem gebaard heeft, of Hem geschapen heeft, maar Hij is het perfecte wezen, de Schepper zelf.

God was licht met een stem in het begin

Johannes 1: 1 zegt, *"In den beginne was het Woord en het Woord was bij God en het Woord was God."* Op deze wijze, was God het Woord in het begin, een wezen wat al bestond, perfect, alleen zonder geschapen te zijn. Hoe en waar is Hij ontstaan?

God is Geest, dus was in de vorm van het Woord in de vierde dimensie, de Geestelijke wereld, niet in de derde dimensie die is zichtbaar. God bestond niet in enige vorm, maar als een diepgaand en mooi licht met een zuivere en duidelijke stem, en

Hij regeerde over het hele universum.

Dus, 1 Johannes 1: 5 zegt, *"En dit is de verkondiging, die wij van Hem gehoord hebben en u verkondigen: God is licht en in Hem is geheel geen duisternis."* Het heeft een geestelijke betekenis en het schetst een beeld van God die het licht was in het begin.

In het begin, bestond God als een licht met een stem erin. Zijn stem is zuiver, zoet en zacht en klinkt door het hele universum. Degene die de stem van God persoonlijk gehoord hebben kunnen dit begrijpen.

God de Schepper bestond voor het begin der tijden, plande om ware geestelijke kinderen voor te brengen en ging ermee verder. Daarom, als je tenvolle God, Ik ben begrijpt, zou je al je eigen wegen van denken, theorieën en stereotypes om ver moeten werpen en zou je het werk van de schepping, voorzien door God, verder moeten aanvaarden.

In tegenstelling tot de dingen die geschapen zijn door God, hebben de dingen die gemaakt zijn door de mensen hun limieten en onvolkomenheden. Terwijl de kennis en beschaving van de menselijke wezens voortdurend voortgaan, worden er betere producten gemaakt, maar ze hebben nog steeds een heleboel tekortkomingen.

Sommigen maken afgoden vanuit goud, zilver, brons en metaal en noemen hen goden voor welke zij zich neerbuigen en bidden voor zegeningen. Ze zijn enkel hout, metaal, of beelden van steen die niet kunnen ademen, spreken of ook maar hun ogen knipperen (Habakkuk 2:18-19).

Ook al beweren ze dat ze wijs zijn, de mens kan eigenlijk geen onderscheid maken tussen de waarheid en de leugen, maar maken liever enkele beelden en noemen hen hun goden die ze aanbidden (Romeinen 1: 22 -25). Hoe dwaas en schandelijk is dit? Vandaar, wanneer mensen nutteloze goden hebben aanbeden en gediend, omdat ze onwetend waren van God, zouden ze zich daar volledig van moeten bekeren, God, Ik ben, aanbidden en hun plicht als Zijn kinderen uitdragen.

God is alwetend en almachtig

God is de Schepper, die het hele universum heeft geschapen, het perfecte wezen dat bestond van voor het begin der tijden, en Hij is alwetend en almachtig. De Bijbel vermeld talloze wonderen en tekenen die niet verricht kunnen worden door de kracht en kennis van de mensheid.

Deze krachtige werken van de alwetende en almachtige God, die dezelfde is gisteren en vandaag, vonden plaats in de tijd van zowel het Nieuwe Testament als het Oude Testament, door vele mannen van God die Zijn kracht hadden.

Dit is omdat Jezus zei in Johannes 4: 48, *"Indien gij lieden geen tekenen en wonderen ziet, zult gij niet geloven."* Mensen geloven niet tenzij ze de werken van de Almachtige God zien.

God toont wonderlijke wonderen en tekenen

Exodus vermeld in detail dat de alwetende en almachtige God wonderen en tekenen heeft verricht door Mozes toen Hij de Israëlieten uit Egypte leidde naar het land Kanaän.

Bijvoorbeeld, toen God Mozes naar Farao zond, de koning van Egypte, bracht Hij tien plagen voort over hem en zijn natie, liet de Israëlieten over het droge land wandelen door de Rode Zee te scheiden en vaagde het Egyptische leger weg in de grote golfstromingen.

Zelfs na Exodus, kwam er water uit de rots toen Mozes er met zijn staf op sloeg, bitter water veranderde in zoet water, en manna kwam vanuit de hemel, zodat miljoenen mensen konden leven zonder zich zorgen te maken over voedsel.

Verder in het Oude Testament, vinden we dat God Elia bekrachtigde om te profeteren dat er een droogte zou zijn van drie en een half jaar, regen stroomde opnieuw neer door zijn gebed en hij wekte doden op.

In het Nieuwe Testament, zien we Jezus, de Zoon van God, die Lazarus opwekte die al vier dagen dood was, hij opende de ogen van de blinden en genas vele mensen met verschillende ziektes, kwalen en boze geesten. Hij wandelde op het water en stilde de wind en de golven.

God verrichtte buitengewone wonderen door de handen van Paulus, dat zelfs wanneer zijn gordeldoeken of zweetdoeken van zijn lichaam, aan de zieken gebracht werden, hun kwalen van hen weken en de boze geesten uitvoeren. (Handelingen 19:11-12). Talrijke tekenen volgden Petrus die één van Jezus' beste discipelen was. Mensen brachten de zieken op de straten en legden hen op hun bedden en matrassen zodat ten minste de

schaduw van Petrus op hen zou vallen als hij voorbij ging.
(Handelingen 5: 15)
Daarnaast, verrichtte God wonderen en vertoonde tekenen
door Stefanus en Filippus in de Bijbel, en Hij toont ze nog steeds
voortdurend in onze kerk, zelfs vandaag.

God is de auteur van de Bijbel

God is Geest. Dus Hij is onzichtbaar, maar heeft Zichzelf
altijd betoond op vele manieren. God openbaart Zichzelf door
de natuur en vooral de getuigenissen van mensen die genezen
zijn en antwoord hebben ontvangen van Hem. Hij openbaart
Zichzelf ook in detail door de Bijbel.

Daardoor, kan je door de gehele Bijbel, de Enige echte God
kennen, Hem ontmoeten, en redding en eeuwig leven bereiken
door het werk van God te begrijpen. Bovendien, kan je een
succesvol leven leven en de glorie aan God geven door het hart
van God te begrijpen en te realiseren hoe Hem lief te hebben en
hoe geliefd te worden door Hem (2 Timotheüs 3: 15-17).

De Bijbel is Gods adem

2 Petrus 1: 21 zegt dat *"Want nooit is profetie voortgekomen
uit de wil van een mens, maar door de Heilige Geest gedreven,
hebben mensen van Godswege gesproken."* Dit betekent dat de
Bijbel van Genesis tot Openbaringen het woord van God is, dat
enkel geschreven is door de wil van God.

Daarom zijn er vele zinnen zoals "God zegt," "De Here zegt," en "De Here God zegt." Dit bevestigt dat de Bijbel niet een woord van mensen is, maar van God.

De Bijbel heeft zesenzestig boeken waarvan negenendertig boeken in het Oude Testament en zevenentwintig in het Nieuwe Testament. Het aantal schrijvers wordt geschat op 34. De periode van het schrijven van de Bijbel strekt zich uit van 1500 V.C. tot 100 N.C. ongeveer 1.600 jaar. Wat zo wonderlijk is, is dat ook al is het geschreven door veel verschillende auteurs, de Bijbel in zijn geheel volledig samenhangend is van het begin tot het einde, en elk vers komt over een met andere verzen.

Dus Jesaja 34:16 zegt, *"Zoekt na in het boek des Heren en leest; niet één van deze wezens zal ontbreken; zij zullen elkander niet missen, want zijn mond heeft het geboden en zijn adem bracht ze samen."*

Dit kon plaats vinden doordat de oorspronkelijke schrijver van de Bijbel God is, want de Heilige Geest heerste over de harten van de schrijvers en brachten de woorden samen. Wat je zou moeten herinneren is dat de schrijvers van de Bijbel alleen maar schrijvers van het werk zijn, die voor God geschreven hebben en dat de oorspronkelijke schrijver van de Bijbel God is.

Laat ons een voorbeeld geven. Veronderstel dat er een bejaarde moeder is die leeft in een landelijk gebied. Ze stuurt een brief naar haar jongere zoon die in de stad studeert. Ze is analfabeet, dus ze maakt de boodschap aan haar oudste zoon duidelijk. Wanneer de jongere zoon de brief ontvangt in de stad, zou hij denken dat zijn moeder de brief naar hem zond, niet dat zijn oudere broer dat deed, ook al was het eigenlijk door zijn broer geschreven. Zo is het ook met de Bijbel.

Gods liefdesbrief vol met zegeningen en beloften

De Bijbel is geschreven door Geestvervulde dienstknechten van God om zo God Zelf te openbaren. Je moet het feit geloven dat het het woord van de getrouwe God is die Zichzelf openbaart.

Het woord van God is geest en leven (Johannes 6: 63), dus eenieder die het hoort en het gelooft zal eeuwig leven vinden, waarin zijn ziel overvloedig leven zal vinden. Eenieder die gelooft en het woord van God gehoorzaamd zal genieten van een overvloedig leven en zal een perfecte man van God zijn die achter Jezus aangaat.

God kwam naar de aarde in het vlees om Zichzelf te tonen aan de mensheid, en dat vlees was Jezus. Filippus, een discipel van Jezus, was onwetend over dit en vroeg Jezus om hem God te laten zien. Hij faalde in het erkennen dat Jezus de vleesgeworden God was, om het met een uitdrukking te zeggen, "Het baken wat niet naar zijn basis schijnt."

Johannes 14: 8 en de volgende verzen laten de dialoog zien tussen Filippus en Jezus:

Filippus zeide tot Hem: Here, toon ons de Vader en het is ons genoeg. Jezus zeide tot hem: Ben Ik zolang bij u, Filippus, en kent gij Mij niet? Wie Mij gezien heeft, heeft de Vader gezien; hoe zegt gij dan: Toon ons de

*Vader? Gelooft gij niet, dat Ik in de Vader ben en de
Vader in Mij is? De woorden, die Ik tot u spreek, zeg Ik
uit Mijzelf niet; maar de Vader, die in Mij blijft, doet
Zijn werken. (Johannes 14: 8-10).*

Ook al gaf Jezus overtuigend bewijs dat Hij en God één zijn
in het verrichten van wonderen, het zou onmogelijk zijn zonder
de kracht van God, Filippus wilde dat Jezus hem de Vader zou
tonen. Jezus zei hem om Zijn onderwijs te geloven met het
bewijs van de wonderen zelf.

God kwam naar deze wereld in het vlees om Zichzelf te
tonen en God liet de Bijbel schrijven, omdat het normaal
onmogelijk voor de mensen is om Hem te zien met menselijke
ogen.

Vandaar, kan je de zegeningen en antwoorden hebben die
God belooft in de Bijbel, wanneer je een kostbare relatie hebt
met de levende God door de Bijbel, Zijn wil kent en acht slaat op
Zijn Woord.

Elk woord in de Bijbel is waar

Geschiedkundige documenten staan je toe om kennis te
krijgen over de mensen of gebeurtenissen van een specifieke tijd
in het verleden. Geschiedenis is een verslag van veranderingen
van de tijden en het geeft je tot in detail te kennen de specifieke
dingen, mensen, of levensomstandigheden uit die tijden.

De geschiedenis van de mensheid, heeft bewezen dat de

Bijbel waar is. Je vindt je zelf terug ziende dat de Bijbel geschiedkundig en realistisch is, vooral wanneer je nauwkeurig kijkt naar de gebeurtenissen, mensen, plaatsen of gewoontes opschreven in de Bijbel.

Sinds dat het Oude Testament inderdaad is overgeleverd gebaseerd op objectieve feiten zoals belangrijke of alledaagse informatie die voortgekomen zijn bij individuelen, mensen of groepen. Vanaf de tijd van Adam en Eva, heeft Israël het Oude Testament beschouwd als het heilige en geschiedkundige document van hun natie en erfdeel tot de dag van vandaag. Zelfs vele geschiedkundigen erkennen de Bijbel als een betrouwbare bron.

Geschiedenis bewijst de waarheid van de Bijbel

Allereerst, gebaseerd op de Bijbel, zou ik de geschiedenis van Israël met u willen delen en bewijzen dat het woord van God in de Bijbel waar is.

Adam, de voorvader van de menselijke wezens, zondigde tegen God, dus zijn nakomelingen, alle menselijke wezens, zijn daarna de weg van de zonde gegaan en hebben geleefd zonder God, hun Schepper te kennen. Juist toen, koos God een natie en besloot om daardoor Zijn wil en voorzienigheid te openbaren.

Eerst, riep God Abraham die de beste "hartsgesteldheid" had, reinigde hem, en bevestigde hem als de vader van het geloof. Abraham was de vader van Isaac, Isaac de vader van Jacob, en God noemde Jacob "Israël" en maakte twaalf stammen uit zijn twaalf zonen.

Toen Jacob levende, bewoog God hem naar Egypte en stelde hem in staat om een natie te maken door zijn nakomelingen te vermeerderen en leidde hem uiteindelijk naar het land Kanaän. God gaf Mozes de wet tijdens zijn verblijf in de wildernis, trainde de Israëlieten om te leven overeenkomstig Zijn Woord, en leidde hen enkel door Zijn Woord.

Nadat ze in het land Kanaän geleid waren, hadden ze alleen maar voorspoed wanneer ze de wet gehoorzaamden. Wanneer Israël afgoden diende of kwaad deed, nam hun nationale kracht af, en leden ze onder vreemde invallen. De Israëlieten werden gevangen genomen en werden slaven. Wanneer ze zich bekeerden, werd hun natie hersteld. Deze cirkel herhaalde zich iedere keer weer.

Zo, toonde God aan alle mensen door de geschiedenis van Israël dat God leeft en dat Hij alles bestuurt door Zijn Woord.

Je kan ook zien dat de profetieën in de Bijbel vervuld zijn en bezig zijn om vervuld te worden. Bijvoorbeeld, in Lucas 19: 43-44, verwijst Jezus naar de val van Jeruzalem, zeggende:

Want er zullen dagen over u komen, waarin uw vijanden een bolwerk tegen u zullen opwerpen en u omsingelen en u van alle zijden in het nauw brengen, en zij zullen u en uw kinderen vertreden en zij zullen in u geen steen op de andere laten, omdat gij de tijd niet hebt opgemerkt, dat God naar u omzag.

In deze verzen, bedoelt Jezus hoe de stad Jeruzalem verwoest zou worden vanwege hun toenemende goddeloosheid. De profetie werd vervuld in 70 N.C., toen Generaal Titus van het Romeinse Rijk zijn mannen een wal liet maken tegen Jeruzalem, het omsingelde, en vele mensen doodde binnen de muren. Dit vond plaats, slechts 40 jaar na Jezus' profetie.

Jezus zei in Matteüs 24: 32, *"Leert dan van de vijgenboom deze les: wanneer zijn hout reeds week wordt en de bladeren doet uitspruiten, weet gij daaraan, dat de zomer nabij is."* De vijgenboom symboliseert hier, de natie van Israël, en deze gelijkenis leert ons dat Israël onafhankelijk zal zijn, wanneer Jezus wederkomst nabij is. Ten slotte, getuigt de geschiedenis dat dit Woord van God werkelijkheid werd, toen Israël viel in 70 N.C., en wonderbaarlijk werd heropgericht op 14 Mei 1948 – 1900 jaar na zijn vernietiging.

De profetie van het Oude Testament en zijn vervulling in het Nieuwe Testament

Ik getuig dat het Woord van God in de Bijbel waar is door het te bestuderen hoe de profetieën uit het Oude Testament vervuld zijn tijdens de tijd van het Nieuwe Testament. De wet van het Oude Testament was niet de perfecte weg van "het verkrijgen van ware kinderen van God." Het was enkel een weergave van de schaduw van God. Daarom beloofde God de komst van de Messias in het Oude Testament. Toen de tijd kwam, zond Hij Jezus Christus naar deze wereld om Zijn belofte na te komen.

Het is bewezen dat Jezus ongeveer 2000 jaar geleden naar de aarde kwam. Westerse geschiedenis is grotendeels verdeeld in twee groepen overeenkomstig de geboorte van Christus. "V.C." staat *Voor Christus*, betekende de geschiedenis voor de tijd van Jezus, terwijl "N.A." staat voor *Na Christus* wat betekent "In het jaar onzes Heren." (A.D.) Zelfs de geschiedenis getuigt van de geboorte van Jezus.

Laat ons eerst naar Genesis 3: 15 kijken:

En Ik zal vijandschap zetten tussen u en de vrouw, en tussen uw zaad en haar zaad, dit zal u de kop vermorzelen en gij zult het de hiel vermorzelen.

Dit vers profeteert dat onze Redder, als het zaad van de vrouw, zou komen en de autoriteit van de dood zou vernietigen. "Vrouw" in dit gedeelte betekent Israël. Eigenlijk kwam Jezus naar deze aarde als een zoon van Jozef, die behoorde tot de stam van Juda, van Israël (Lucas 1: 26-32).

Jesaja 7:14 zegt, *"Daarom zal de Here zelf u een teken geven: zie een jonkvrouw zal zwanger worden en een zoon baren; en zij zal hem de naam Immanuël geven."*

Dit laat blijken dat de Zoon van God gezonden zou worden als een verzoenoffer voor de zonden van de mensheid om verwekt te worden door de Heilige Geest (Matteüs 1: 18-25).

Er werd geprofeteerd dat Jezus geboren zou worden in de regio van Bethlehem, zoals Micha 5: 1 zegt:

En gij, Bethlehem Efrata, al zijt gij klein onder de geslachten van Juda, uit u zal Mij voortkomen die een heerser zal zijn over Israël en wiens oorsprong is van ouds, van de dagen der eeuwigheid.

Vervullende dit Woord, werd Jezus geboren in Bethlehem, Juda, tijdens de tijd van Koning Herodus. Zelfs de geschiedenis bevestigt dit.

De slachting van vele onschuldige kinderen door Koning Herodus in de tijd van Jezus' geboorte (Jeremia 31: 15; Matteüs 2: 16), Jezus' intocht in Jeruzalem (Zacharia 9: 9; Matteüs 21: 1-11), en Jezus' hemelvaart (Psalm 16: 10; Handelingen 1: 9) waren voorspelt en werden overeenkomstig vervuld.

Bovendien, het verraad van Judas Iskariot, die Jezus 3 jaar volgde (Psalm 41: 9) en zijn verraad van Jezus voor dertig zilverstukken (Zacharia 11: 12) werden beiden voorspeld en volbracht.

Je kan dus geloven dat de Bijbel waar is en het werkelijk het Woord van God is, vooral als je ziet dat de profetieën van het Oude Testament nauwkeurig vervuld zijn.

Profetieën in de Bijbel die nog vervuld moeten worden

God maakte Jezus Christus onze Redder door de profetieën in het Oude Testament te vervullen tijdens de tijd van het Nieuwe Testament. Alle profetieën over Jezus, het verloop van de geschiedenis van Israël en de geschiedenis van de mensheid zijn allen vervuld zonder ook maar één fout. Kritische onderzoek van de wereldgeschiedenis leidt ertoe dat alle woorden van Profetie in de Bijbel werkelijkheid geworden zijn en werkelijkheid zullen worden.

De profeten, zowel uit de tijden van het Oude Testament alsook uit het Nieuwe Testament hebben geprofeteerd over het groot worden en de val van de wereld macht, de vernietiging en herbouw van Jeruzalem, en de toekomstige zaken en belangrijke personen. Vele profetieën in de Bijbel zijn vervuld of staan op het punt om te geschieden, en mensen gaan de wederkomst van Jezus zien, de opname, het Duizendjarige Rijk, en het Oordeel van de grote witte troon. Onze Heer, is nu jou plaats aan het voorbereiden zoals Hij beloofd heeft (Johannes 14: 2), en Hij zal je spoedig meenemen naar een eeuwige plaats.

Onze wereld lijdt nu door hongersnood, aardbevingen, abnormale weersomstandigheden, en kolossale ongevallen. Je zou het niet als toeval moeten overwegen, maar in plaats daarvan je realiseren dat Jezus' wederkomst nabij is (Matteüs 24: 3-14). Je zou een volledige redding moeten bereiken door waakzaam te zijn en jezelf te tooien als een bruid.

Hoofdstuk 2

GOD SCHEPT EN VERZORGT DE MENS

- God schiep menselijke wezens
- Waarom verzorgt God menselijke wezens?
- God scheidt het koren van het kaf

En God schiep de mens naar Zijn beeld; naar Gods beeld schiep Hij hem; man en vrouw schiep Hij hen. En God zegende hen en God zeide tot hen: "Weest vruchtbaar en wordt talrijk; vervult de aarde en onderwerpt haar, heerst over de vissen der zee en over het gevogelte des hemels en over al het gedierte, dat op de aarde kruipt."

Genesis 1:27-28

Tenminste een keer in je leven, kan je fundamentele vragen stellen zoals de oorsprong, bestemming, doel en betekenis van het leven. Daarna probeer je antwoorden te verwerven. Vele mensen proberen verschillende methodes om deze problemen op te lossen, maar sterven zonder ook maar ooit het oorspronkelijke antwoord te ontvangen.

Wereld beroemde wijzen zoals Confucius, Boeddha, of Socrates streefden er ook naar om deze fundamentele antwoorden te verwerven. Confucius richtte zich op moralen, welke de nadruk legde dat perfecte deugdzaamheid beschouwd werd als een ethisch ideaal, en vele discipelen voortbracht. Boeddha op boetedoening gedurende een lange tijd om bevrijdt te worden van dit wereldse bestaan. Socrates volgde de waarheid op zijn eigen wijze en zocht voor de ware kennis.

Geen van hen, hoe dan ook, kon een blijvende, fundamentele oplossing vinden die de echte waarheid bereikte, of een eeuwig leven verwierf. Dat kwam omdat de waarheid verborgen was van voor de grondlegging der wereld, iets geestelijks wat onzichtbaar en ongrijpbaar is. Je kan geen duidelijke antwoorden vinden over het leven totdat je de voorzienigheid van God de Schepper begrijpt over de menselijke beschaving.

God schiep menselijke wezens

Een geheimzinnige vorming van de organen, cellen en weefsels van het menselijke lichaam zijn onmeetbaar. God die de mens op deze wijze schiep wil ware kinderen verkrijgen met wie Hij voor eeuwig en eeuwig liefde kan delen. Voor dit doel, schiep God de mens naar Zijn beeld en Zijn gelijkenis en heeft de mens gekoesterd en de hemel voorbereid.

Hoe dan, heeft God alle dingen in het universum geschapen en de mens gevormd?

Gods schepping in zes-dagen

Genesis 1 beschrijft heel goed het proces hoe God de hemel en de aarde schiep in zes dagen. God zei, *"Er zij licht,"* en er was licht (Genesis 1: 3). Hij zei toen, *"Dat het water onder de hemel op één plaats samenvloeien en het droge tevoorschijn kome."* En we weten dat het zo was (Genesis 1: 9). En zo verder.

Zoals het staat in Hebreeën 11: 3, *"Door het geloof verstaan wij, dat de wereld door het woord Gods tot stand gebracht is, zodat het onzichtbare niet ontstaan is uit het waarneembare,"* God schiep het gehele universum door Zijn woord.

God schiep het licht op de eerste dag, en het uitspansel van de hemel op de tweede dag. Op de derde dag, toen God zei, "Dat de wateren onder de hemel op een plaats samenvloeien en het droge tevoorschijn kome." Het was alzo en God noemde het droge aarde en de samengevloeide wateren noemde Hij zeeën. En toen zei God, "Dat de aarde jong groen voortbrenge, zaadgevend gewas, vruchtbomen, die naar hun aard vrucht dragen." En de aarde bracht jong groen voort, gewas, dat naar zijn aard vrucht gaf, en geboomte, dat naar zijn aard vruchten droeg, dat zaad bevatten. Op de vierde dag, schiep Hij de zon, de maan en de sterren aan het uitspansel des hemels, en liet de zon heersen over de dag en de maan heersen over de nacht. Op de vijfde dag, schiep Hij de zee wezens en ieder levend en bewegend ding waarvan het water wemelde, naar hun aard, en allerlei gevleugeld gevolgelte naar zijn aard. Op de zesde dag, schiep Hij levende wezens, vee en kruipend gedierte en wild gedierte, naar hun aard.

De mens geschapen naar het beeld van God

God, de Schepper had een omgeving geschapen in zes dagen, waar de mens kon leven, en schiep toen de mens naar Zijn beeld. Hij zegende de mens als heerser over de gehele schepping, en zei hem om het te onderwerpen en er over te heersen.

En God schiep de mens naar Zijn beeld; naar Gods beeld schiep Hij hem; man en vrouw schiep Hij hen. En God zegende hen en God zeide tot hen: "Weest vruchtbaar en wordt talrijk; vervult de aarde en onderwerpt haar, heerst over de vissen der zee en over het gevogelte des hemels en over al het gedierte, dat op de aarde kruipt." (Genesis 1: 27-28).

Hoe dan heeft God de mens gevormd?

Toen formeerde de Here God de mens van stof uit de
aardbodem en blies de levensadem in zijn neus; alzo
werd de mens tot een levend wezen. (Genesis 2: 7).

In dit vers, verwijst stof naar klei. Een bekwame
pottenbakker, die klei van goede kwaliteit gebruikt, maakt
celadon porselein of witte porselein van hoge financiele waarde.
In tegenstelling tot sommige andere pottenbakkers die niet
glanzend aardewerk, dakbedekking, of bakstenen maken.

De waarde van een stuk aardewerk hangt vooral af van wie
het maakt, hoe professioneel het gemaakt is, van wat voor soort
klei het gemaakt is, en wat voor aardewerk het is. Toen de
Almachtige God, de Schepper de mens vormde naar Zijn beeld,
hoe mooi heeft Hij dat gedaan?

Nadat Hij de mens gevormd had naar Zijn beeld, uit het stof,
blies God de adem des levens in zijn neus, dat is, de levende
energie. Toen werd de mens een levende geest. De adem des
levens is kracht, sterkte, energie en de Geest van God.

God blaast de adem des levens in de mens

Wanneer je denkt aan het proces van een fluorescerend
stralend licht, kan je het proces dat een mens geschapen werd als
een levende geest gemakkelijker begrijpen. Wanneer je een
fluorescerend licht wil laten stralen, moet je het wel eerst een
construeren, en dan inplugen. Hoe dan ook, het kan niet stralen
totdat je de electriciteit aanzet.

Het televisietoestel in je huis werkt op dezelfde manier. Je kan niets op het scherm zien totdat je hem aanzet, maar wanneer hij eenmaal aan is, kan je verschillende soorten beelden en geluiden zien en horen. Je kan beelden tevoorschijn halen, door alleen maar het beeldscherm van je televisie aan te zetten. Hoe dan ook, aan de achterzijde van de televisie, zijn nauwkeurige delen verzameld op een zeer ingewikkelde manier.

Op gelijke wijze, vormde God niet alleen de gedaante van de mens, maar ook de inwendige organen en beenderen in hem van het stof van de aarde. Hij maakte aderen, waardoor het bloed stroomde en het zenuwstelsel dat zijn functie perfect kon vervullen.

De kracht van God kan stof veranderen in een zachte huid wanneer Hij dat wilt. Net zoals het toestaan van de electriciteitsstroom, blies God de adem des levens in de mens. Toen, begon het bloed in hem onmiddellijk te circuleren en hij kon ademen en bewegen.

Bovendien, omdat God geheugen onderdelen gemaakt heeft in de hersencellen van de mens, voeren mensen gegevens in en herinneren ze wat ze horen en voelen in de hersencellen. Wat ingevoerd en herinnerd wordt, wordt kennis, en de kennis wordt geproduceerd als gedachten. Wanneer je de opgeslagen kennis van het leven gebruikt, noem je het wijsheid.

Menselijke wezens, eigenlijk alleen maar schepsels, hebben hun wijsheid en kennis vermeerderd, en een ingewikkelde wetenschappelijke beschaving ontwikkeld. Nu onderzoeken ze het universum en maken computers en voeren zware informatie in of herspelen het en halen zo een enorm voordeel uit de computers, net zoals God de geheugendelen in de hersencellen heeft gemaakt. Ze zijn zelfs zo ver gekomen dat ze A.I. computers maken, die letters kunnen herkennen of de stem van een mens en kunnen communiceren met anderen. Ze zullen zich meer en meer ontwikkelen als de tijd verder gaat.

Hoeveel gemakkelijker moet het geweest zijn voor de Almachtige God, de Schepper om de mens te vormen vanuit het stof van de aarde en de levensadem in te blazen om hem tot een levend wezen te maken! Het is zo gemakkelijk voor God, die iets kan maken vanuit niets, maar het is zo wonderlijk en ondoorgrondelijk voor de mens (Psalm 139: 13-14).

Waarom verzorgt God menselijke wezens?

Jezus onderwijst ons Gods voorzienigheid door vele gelijkenissen. Omdat de geestelijke wereld niet begrepen kan worden met menselijke kennis, gebruikte Hij aardse voorwerpen in Zijn gelijkenissen zodat je ze kan begrijpen.

Velen hebben te maken met ontginning. Bijvoorbeeld, de gelijkenis van de zaaier (Matteüs 13: 3-23; Marcus 4: 3-20; Lucas 8: 4-15), de gelijkenis van het mosterzaadje (Matteüs 13: 31-32; Marcus 4: 30-32; Lucas 13: 18-19), de gelijkenis van het onkruid in het veld (Matteüs 13: 24-30, 36-43), de gelijkenis van de wijngaard (Matteüs 20: 1-16), en de gelijkenis van de onrechtvaardige pachters (Matteüs 21: 33-41; Marcus 12: 1-9; Lucas 20: 9-16).

Deze gelijkenissen laten ons zien dat, net zoals de boeren hun land reinigen, zaad zaaien, het ontginnen en oogsten, God de menselijke wezens vormt en ontgint op de aarde en het koren van het kaf zal scheiden.

God wil echte liefde delen met Zijn kinderen

God heeft niet alleen goddelijkheid maar ook menslievendheid. Goddelijkheid is de kracht van de Almachtige, Alwetende God, de Schepper zelf, en menslievendheid is het denken van de mens. Dus, God schiep en heerste over het gehele universum, de menselijke geschiedenis en levens. Hij voelt ook vreugde, boosheid, zorgen en plezier, en wil Zijn liefde delen met Zijn kinderen.

De Bijbel laat ons zovele keren zien dat God dezelfde persoonlijkheid heeft als de mensen; God verheugt zich en zegent de mensen wanneer zij, geschapen naar Gods beeld, het goede doen, maar Hij kreunt en klaagt in boosheid, wanneer ze zondigen. Gods verlangen om te communiceren met Zijn kinderen en om hen goede dingen te geven, staat vaak beschreven in het Woord van God.

Als God alleen maar de Goddelijke kenmerken had, dan zou Hij geen rust nodig gehad hebben na de schepping van het universum in zes dagen, en zou Hij geen gemeenschap hebben gewild met ons, zeggende, *"Bidt zonder ophouden"* (1 Tessalonicenzen 5:16), *"Roep tot Mij en Ik zal u antwoorden en u grote, ondoorgrondelijke dingen verkondigen, waarvan gij niet weet."* (Jeremia 33:3).

Soms, wil je wel alleen zijn, maar bent je misschien blij, wanneer je bij een gelijkdenkende vriend bent die zijn of haar liefde met jou kan delen. Op gelijke wijze, schiep God de mens naar Zijn beeld, omdat Hij liefde wilde uitwisselen met iemand. Hij koestert menselijke geesten op deze aarde, omdat Hij ware kinderen wil die Zijn hart kunnen begrijpen en Hem liefhebben vanuit hun hart.

God wil kinderen die gehoorzamen met hun eigen vrije wil

Sommigen vragen zich misschien af, waarom God menselijke wezens schiep en hen heeft grootgebracht ook al waren er zoveel gehoorzame engelen en de hemelse menigten in de hemel. Toch, hebben de meeste engelen, geen menselijke eigenschappen die het belangrijkst zijn in het delen van liefde. Met andere woorden, ze hebben geen vrije wil om zelf te kunnen kiezen. Ze gehoorzamen bevelen zoals robotten, ze kunnen geen vreugde, boosheid, zorgen of plezier voelen, zoals mensen. Daarom, kunnen ze geen liefde delen met God vanuit het diepst van hun hart.

Bijvoorbeeld, stel je voor dat je twee kinderen hebt. De ene volgt al jou bevelen op zonder enige emotie uit te drukken, of liefde zoals een goed-geprogrameerde robot. De andere kwetst je gevoelens soms, maar heeft spoedig spijt van zijn of haar handeling, klamp zich liefdevol aan je vast, en laat zijn of haar hart aan je zien op vele wijzen. Van wie zou je dan het meest houden? Natuurlijk, van de laatste.

Stel je voor dat je een robot hebt die kookt, het huis poetst en je dient. Maar dan nog, hou je niet meer van die robot dan van je kinderen. Om 't even hoe hard hij ook voor jou werkt en hoe behulpzaam het ook mag zijn, het kan de plaats van je kinderen niet innemen.

Op gelijke wijze, verkiest God de mens die Hem vreugdevol gehoorzaamt met zijn vrije wil met reden en emotie meer dan de engelen en de hemelse menigten, die handelen als gehoorzaamgeprogrameerde robotten. Hij geeft de mensen een vrije wil en Zijn Woord. Dan onderwijst Hij hen wat goed en kwaad is en wat de weg naar redding of dood is. Hij wacht geduldig totdat ze echte kinderen worden.

Gods menselijke koestering met ouderlijke genegenheid

Het staat geschreven in Genesis 6: 5-6 dat *"Toen de Here zag, dat de boosheid des mensheid groot was op de aarde en al wat de overleggingen van zijn hart voortbrachten te allen tijde slechts boos was, berouwde het de Here, dat Hij de mens op de aarde gemaakt had, en het smartte Hem in Zijn hart."*

Betekent dit, dat God dit feit niet kende toen Hij de mens schiep? Hij kende het zeker. God is almachtig en alwetend, dus Hij wist alles van voor het begin der tijden. Hoe dan ook, Hij schiep de mens en heeft hen gekoesterd.

Als je ouder bent, begrijp je dit misschien gemakkelijker. Hoe moeilijk is het om kinderen te baren en hen op te voeden! Terwijl een vrouw zwanger is, zijn er vele soorten van pijn gedurende negen maanden zoals misselijkheid. Tegen de tijd van het baren, ondergaat de moeder hevige pijnen. Om de kinderen te voeden, kleden, en onderwijzen, doen ouders grote inspanningen en werken dag en nacht hard. Wanneer de kinderen laat thuis komen zijn de ouders bezorgd over hen. Wanneer ze ziek zijn, voelen de ouders meer pijn dan de kinderen. Waarom voeden ouders hun kinderen op ondanks zoveel pijn en inspanning? De reden daarvan is, omdat ouders voorwerpen willen hebben waarmee ze liefde kunnen delen, want, wie kan ouderlijke liefde voelen en hun ouders liefhebben met heel hun hart. Voor ouders, voorzien zulke pijnen zelfs geluk. Bovendien, wanneer kinderen heel erg op hun ouders lijken, hoe mooi is dat niet! Natuurlijk, kunnen niet alle kinderen plichtsgetrouw zijn aan hun ouders. Sommige kinderen houden van hun ouders en hebben respect voor hen, maar sommige bedroeven hen.

Op gelijke wijze, wetende al de pijnen in het opvoeden van kinderen, hebben ouders geen aandacht voor zulke dingen als pijnen/leed. In plaats daarvan, doen ze grote inspanningen, verwachtende dat hun kinderen goed opgroeien en hun tot vreugde zullen zijn. Op dezelfde wijze, wist God dat de mensen ongehoorzaam zouden zijn, corrupt zouden worden, en verdriet zouden veroorzaken, maar Hij wist ook dat er echte kinderen zouden zijn die hun liefde met Hem zouden delen. Dus, God heeft de mensen geschapen en hen vrijwillig opgevoed.

God wil verheerlijkt worden door Zijn ware kinderen

God koestert de menselijke geesten op de aarde niet alleen om ware kinderen te verkrijgen, maar ook om verheerlijkt te worden door hen heen. God kan glorie ontvangen door een groot gezelschap van engelen en de hemelse menigten, zoveel als

Hij maar wenst. Hoe dan ook, wat Hij echt wil is, om verheerlijkt te worden door Zijn gekoesterde, ware kinderen vanuit het diepst van hun hart.

God zegt in Jesaja 43: 7 dat *"Iedereen die naar Mijn genoemd is, en die Ik geschapen heb tot Mijn eer, die Ik geformeerd heb, die Ik ook gemaakt heb."* En Hij heeft de instructie aan jou in 1 Korintiërs 10: 31, *"Of gij dus eet of drinkt, of wat ook doet, doet het alles ter ere Gods."* God is de Schepper, Liefde, en Rechtvaardigheid. Hij gaf Zijn Ene en Enige Zoon om ons te redden, en bereidde de hemelen en eeuwig leven voor. Hij is meer dan waard om verheerlijkt te worden. Bovendien, Hij wil glorie teruggeven aan hen die Hem glorie geven. Daarom, zou je ware kinderen van God moeten worden die voor eeuwig liefde kunnen delen met Hem, door te begrijpen waarom God verheerlijkt wil worden door Zijn geestelijk-gekoesterde kinderen.

God scheidt het koren van het kaf

Boeren ontginnen het land omdat ze overvloedige oogst willen oogsten. God ontgint ook menselijke geesten op de aarde om ware kinderen te krijgen, die Hem niet alleen liefhebben en verheerlijken vanuit hun hart, maar die ook liefde delen met Hem in de hemel voor eeuwig.

Er zijn altijd beide soorten aanwezig in de oogst, koren en kaf, dus de boeren scheiden het koren van het kaf, verzamelen het koren in de schuren en verbrandden het kaf in het vuur. Op dezelfde wijze zal God het koren van het kaf scheiden op het einde van de ontginning van de geesten van mensen:

De wan is in Zijn hand en Hij zal zijn dorsvloer geheel zuiveren en zijn graan in de schuur bijeenbrengen, maar het kaf zal Hij verbranden met onuitblusaar vuur. (Matteüs 3: 12).

Daarom, moet je standvastig geloven dat God de geesten van mensen ontgint op de aarde, en op Zijn tijd zal Hij het koren verzamelen – de ware kinderen – naar de hemel, voor eeuwig leven, maar het kaf verbranden met het onuitblusbare vuur van de hel.

Laat ons dan even verder doorvorsen wat soort van mensen in Gods ogen het koren en het kaf zijn, en wat voor soort plaatsen de hemel en de hel zijn.

Het koren en het kaf

Het koren symboliseert degene die Jezus Christus aarvaarden, in de waarheid wandelen, en hun liefde delen met God. Ze zijn de kinderen van het licht, die het verloren beeld van God herstellen, en alles doen wat God hen ook maar opdraagt.

In tegenstelling, vertegenwoordigt het kaf hen die Jezus Christus niet aanvaarden, of degene die zeggen dat ze geloven, maar niet leven door Gods Woord, en hun eigen kwade verlangens volgen.

1 Timoteüs 2: 4 beschrijft onze God als Diegene *"Die wil dat alle mensen behouden worden en tot erkentenis der waarheid komen."* Dat is, God wil dat alle mensen het koren zijn en het het Koninkrijk der hemelen binnengaan. God probeert dat op vele verschillende wijzen aan jou duidelijk te maken en je te leiden naar het pad van redding. Hoe dan ook, sommige mensen overtreden Gods wil en voorzienigheid overeenkomstig hun eigen vrije wil. Deze mensen zijn nauwelijks beter dan beesten voor God, omdat ze de waarde van mensen verloren hebben.

Boeren verbranden het kaf in vuur of gebruiken het als kunstmest, omdat wanneer het koren en het kaf samen opgeslagen worden in de schuur, het koren ook rot zou worden. Daarom, zal God het kaf niet toe staan in het koninkrijk van de hemel, waar het koren zal zijn. In tegenstelling tot beesten, heeft een mens een eeuwige geest, omdat God Zijn levensadem in hem blies toen Hij hem schiep. Dus God kan het kaf niet vernietigen, of hen voor waardeloos laten . Het is onvermijdelijk voor God om het koren in de hemel te verzamelen en hen te laten genieten van het eeuwige geluk, en om het kaf te verbranden in het onblusbare vuur van de hel voor eeuwig en eeuwig. Dus, moet je dit feit in je gedachten houden, zodat je niet in de hel geworpen wordt.

De schoonheid van de hemel en de gruwel van de hel

Aan de ene kant, de hemel is te mooi om maar met iets van deze wereld te vergelijken. Bijvoorbeeld, bloemen in deze wereld verwelken snel, maar de bloemen in de hemel verwelken niet noch vallen ze af, want alles in de hemel is eeuwig. De straten zijn gemaakt van zuiver goud, wat zo helder is als glas, de Rivier van Leven die schijnt als zuiver kristal, stroomt erdoor en de huizen zijn gemaakt van allerlei brilliante gesteentes. Alles is sprakeloos mooi (raadpleeg alstublieft *Hemel I & II*)

Aan de andere kant, is de hel een plaats waar de wormen niet sterven, en het vuur niet te doven is. Iedereen daar zal gezouten worden met vuur (Marcus 9: 48-49). Bovendien, daar is ook de poel met brandend zwavel in de hel wat zeven keer heter is dan de poel des vuurs (Openbaringen 20: 10, 15). Ongeredde mensen moeten leven in de poel van onblusbaar vuur of de poel van brandend zwavel voor eeuwig. Hoe afschuwelijk en beangstigend is het om daar eeuwig te leven (raadpleeg alstublieft *Hel*).

Daarom zei Jezus in Marcus 9: 43 dat *"En indien uw hand u tot zonde verleidt, houw haar af. Het is beter, dat gij verminkt ten leven ingaat, dan dat gij met uw twee handen ter helle vaart, in het onblusbare vuur."*

Waarom moest de God van liefde beide maken de afschuwelijke hel en de mooie hemel? Wanneer slechte mensen toegestaan worden om een plaats binnen te gaan waar de goede en liefhebbende mensen van God zullen verblijven, zou het pijnlijk voor de goede mensen zijn en de hemel zou bezoedeld worden door het kwade. Kortom, God schiep de hel omdat Hij van de mensen houdt en omdat Hij zijn kinderen alleen maar het beste wil geven.

Het oordeel van de Grote witte troon

Net zoals de boer zaad zaait en hen jaar na jaar oogst, ontgint God de geesten van de mens, sinds Adam uit de Hof van Eden verdreven is en zal dit blijven doen totdat Jezus terugkomt. God toonde Zijn wil aan de voorvaderen van het geloof zoals Noach, Abraham, Mozes, Johannes de Doper, Petrus, en de apostel Paulus. Vandaag, ontgint Hij voortdurend de geesten van mensen door Zijn dienaren en werkers. En toch, net zoals er onvermijdelijk een einde komt na een begin, de ontginning van de geest van mensen zal niet voor eeuwig duren.

2 Petrus 3: 8 zegt ons, *"Doch dit ene mag u niet ontgaan, geliefden, dat één dag bij de Here is als duizend jaar en duizend jaar als één dag."* Net zoals God rustte op de zevende dag, na het scheppen van het universum in zes dagen, Jezus' wederkomst en het Duizendjarige Rijk, zal de periode van Sabbat komen na zesduizend jaar sinds de ongehoorzaamheid van Adam. Daarna, door het Oordeel van de witte troon, zal God het koren toestaan om de hemel binnen te treden en zal het kaf in het vuur van de hel geworpen worden.

Daarom, bid ik in de naam van de Heer Jezus Christus dat je Gods voorzienigheid en liefde van de ontginning van de menselijke wezens diep mag begrijpen, een gezegend leven mag leiden, en God mag verheerlijken met een vurige hoop op de hemel.

Hoofdstuk 3

DE BOOM VAN KENNIS VAN GOED EN KWAAD

- Adam en Eva in de Hof van Eden
- Adam was ongehoorzaam door zijn eigen vrije wil
- Het loon van de zonde is de dood
- Waarom plaatste God de boom der kennis van goed en kwaad in de Hof van Eden?

En de HERE God nam de mens en plaatste hem in de hof van Eden om die te bewerken en te bewaren. En de HERE God legde de mens het gebod op: Van alle bomen in de hof moogt gij vrij eten, maar van de boom der kennis van goed en kwaad, daarvan zult gij niet eten, want ten dage, dat gij daarvan eet, zult gij voorzeker sterven.

Genesis 2:15-17

Zij die de grote liefde van de Schepper God niet kennen en Zijn diepe en diepgaande voorziening om Zijn ware kinderen op te voeden zullen vragen, "Waarom heeft God de boom van kennis van goed en kwaad in de Hof van Eden geplaatst?" "Waarom heeft Hij de eerste mens de weg van vernietiging op laten gaan?" Zij denken dat de mens niet gestorven zou zijn en voor altijd een gelukkig leven in de Hof van Eden zou hebben alleen als God die boom daar niet had neergezet.

Sommigen van hen zeggen zelfs tussen de regels door "God zal misschien van te voren niet geweten hebben dat Adam de vrucht van de boom van kennis van goed en kwaad zou eten," omdat ze niet in Gods alwetendheid en almacht geloven. Zette Hij de boom in de Hof van Eden met een slecht inzicht op Adams toekomstige ongehoorzaamheid? Of plaatste God de boom er met opzet en voerde de mens op de weg die ten dode voert? Natuurlijk niet!

Maar, waarom plaatste God de boom van goed en kwaad in het midden van de Hof van Eden? Waarom was Adam ongehoorzaam aan Gods gebod en kwam op de weg des doods?

Adam en Eva in de Hof van Eden

God schiep de mens uit stof van de aarde en blies in zijn neusgaten de adem des levens, en de mens werd een levend wezen (Genesis 2: 7). Een levend wezen is een geestelijk wezen dat geen enkele vorm van kennis heeft toen hij voor het eerst geschapen werd. Laten we een eenvoudig voorbeeld nemen. Een pas geboren baby heeft geen wijsheid of kennis. De baby heeft een geheugen systeem in zijn hersenen, maar het heeft nooit iets gezien, gehoord, of is het iets geleerd. Dus de baby kan alleen reageren op instinkt.

Op de zelfde manier had Adam geen geestelijke wijsheid of kennis toen hij eerst een levend wezen werd.

Adam leerde de kennis van het leven van God.

God legde een tuin aan in het oosten, in Eden en zette Adam er in. God gaf Adam kennis van het leven en waarheid, stap voor stap, door er met hem te wandelen kon Hij Adam de Hof van Eden laten controleren en beheren.

In Genesis 2: 19 lezen we, *"En de Here God formeerde uit de aardbodem al het gedierte des velds en al het gevogelte des hemels. Ook bracht Hij het tot de mens , om te zien hoe deze het noemen zou: en zoals de mens elk levend wezen noemen zou, zo zou het heten."* Adam was met genoeg kennis van het leven uitgerust om over alle dingen te heersen.

Maar het leek God niet goed voor Adam om alleen te zijn. Dus besloot God hem in een diepe slaap te laten vallen om een passende hulp voor hem te maken. God nam een van de ribben van de man en sloot de plaats met vlees terwijl de man sliep. Toen creëerde Hij een vrouw uit de rib die Hij uit de man genomen had, en bracht haar tot de man. God had de man verenigd met zijn vrouw, en zij werden een vlees (Genesis 2: 20-22). Dit was niet zo omdat Adam zelf zich eenzaam voelde maar omdat God alleen geweest was gedurende een lange tijd, voor het begin van tijd, en wist wat eenzaamheid was. Gods grote liefde en genade leidde Hem er toe om een hulp voor Adam te scheppen. Hij, die de toekomst van Adams situatie kende, zegende de man en zijn vrouw om vruchtbaar te zijn, voorspoedig en de aarde te vullen.

Adams Lange Leven in de Hof van Eden

Hoe lang leefden Adam en zijn vrouw dan in de Hof van Eden? De Bijbel bespreekt dit niet tot in detail, maar je moet weten dat zij er veel langer leefden dan de meeste mensen denken.

De Bijbel vertelt al deze dingen maar in een paar verzen. Dus denken vele mensen dat Adam van de verboden vrucht at en in vernietiging kwam niet lang nadat God hem in de in de Hof van Eden gezet had. Sommigen van hen vragen, "De Bijbel zegt dat de geschiedenis van de mens zes duizend jaar is, maar hoe kan je dan verklaren dat vele fossielen van enkele honderd duizend jaar geleden zijn?"

De geschiedenis van de menselijke beschaving is ongeveer

6.000 jaar, en begint in de tijd dat Adam en Eva uit Eden verdreven werden. Dit sluit niet in de lange tijd dat ze in de Hof van Eden gewoond hadden. Er is een lange tijd voorbij gegaan, in die tijd zijn er grote geologische en geografische veranderingen geweest, zoals reacties van de aardkorst en verschillende perioden van reproductie en uitsterven op deze aarde. Zoals besproken in Hoofdstuk 1, bewijzen vele fossielen deze feiten.

Zoals God Adam en zijn vrouw zegende in Genesis 1: 28 had de eerste mens Adam, voor hij vervloekt was, gewandeld met God en geboorte gegeven aan vele kinderen en gedurende lange tijden de Hof van Eden gevuld. Als de heer der schepping onderwierp en beheerde Adam de aarde evenals de Hof van Eden.

Adam was ongehoorzaam door zijn eigen vrije wil

God gaf Adam en Eva elk een vrije wil en stond hen toe zich geweldig te verheugen en vreugde te hebben van de Hof van Eden. Toch was er een ding dat God verbood. God gebood hen niet te eten van de boom van kennis van goed en kwaad.

Als Adam het diepe hart van God begrepen had, en Hem waarlijk lief had, zou hij niet gegeten hebben van de verboden vrucht omdat hij Gods gebod kende. Hij gehoorzaamde dit specifieke gebod echter niet, omdat hij niet oprecht van God hield.

God plaatste de boom van kennis van goed en kwaad in de

Hof van Eden en stelde een duidelijke wet op tussen God en de mens. Hij stond de mens toe de wet te houden met zijn eigen vrije wil. Dat was omdat Hij ware kinderen wilde verzamelen die Hem zouden gehoorzamen vanuit het diepst van hun hart.

Adam veronachtzaamt het Woord van God

God belooft in de Bijbel vaak zegeningen aan hem die al Zijn geboden gehoorzaamt en Zijn Woord overdenkt (Deuteronomium 15: 4-6, 28:1-14). Nu wie gehoorzaamt al Zijn geboden? Zelfs de Bijbel erkent dat er maar een paar mannen in de wereld zijn die dat kunnen.

God zal gedacht hebben dat de eerste mens Adam, dat hij vreugde zou hebben in het eeuwig leven en de zegeningen zolang hij God gehoorzaamde, maar de eeuwige dood als hij ongehoorzaam was aan God. God waarschuwde hem om niet te eten van de boom van kennis van goed en kwaad.

Toch negeerden ze het gebod van God, en aten de verboden vrucht. Satan probeerde Gods plan te verstoren om vanaf het begin echte en geestelijke kinderen voort te brengen , tenslotte slaagde Satan er in hen te verleiden om ervan te eten omdat de slang sterker was dan elk ander dier van de wilde dieren. (Genesis 3: 1). Adam en Eva waren ongehoorzaam aan Gods gebod. Hoe was Adam ongehoorzaam aan Gods gebod terwijl hij een levende geest was en alleen de waarheid van God kende?

In Genesis 2: 15 lezen we dat God Adam aanstelde de hof van Eden te beheren en er voor te zorgen. Adam ontving de kracht en autoriteit van God om het te heersen en het te bewaken. God maakte hem tot een wacht opdat de vijand duivel niet binnen zou breken. Toch faalde satan niet om de slang te controleren en Adam en Eva te verleiden door de slang. Hoe was dit mogelijk? In een woord, Satan is een boze geest die de autoriteit heeft over het koninkrijk van de lucht. Satan heeft geen gedaante. In Efeziërs 2: 2, wordt er verwezen dat satan de overheid der lucht is, van de geest die nu aan het werk is in de zonen der ongehoorzaamheid.

Omdat satan is als radiostralen die door de lucht vliegen, kon satan de slang in de Hof van Eden controleren om Adam en Eva te verleiden. Genesis 1 toont ons een herhaaldelijke speciale zin. Op het einde van iedere dag van de schepping, de Bijbel herhaalt, "God zag dat het goed was." Deze zin werd niet uitgesproken op de tweede dag toen hij het uitspansel maakte.

Opnieuw spreekt Efeziërs 2: 2 over een tijd *"Waarin gij vroeger gewandeld hebt overeenkomstig de loop der wereld, overeenkomstig de overste van de macht der lucht, van de geest, die thans werkzaam is in de kinderen der ongehoorzaamheid."* God wist van te voren dat de boze geesten de autoriteit zouden hebben over het koninkrijk van de lucht

Eva viel in de verleiding van de slang

De slang is slechts een van de dieren des velds. Hoe was het dan succesvol in het verleiden van Eva om het gebod van God ongehoorzaam te zijn?

In de hof van Eden, konden de mensen communiceren met

alle levende schepsels zoals bloemen, bomen, vogels, dieren en zo
verder. Eva kon ook communiceren met de slang.
Oorspronkelijk waren slangen geliefd door de mensen en in
goede verhoudingen met hen zoals deze dagen. Ze waren zo
zacht, rein, lang, rond en wijs zodat Eva van ze hield. Ze kenden
haar heel goed en behaagden haar. Dit is ook het geval met
honden die een favoriet zijn bij hun eigenaren, omdat ze slimmer
zijn en beter volgen dan welk dier ook.

En toch, zeggen vele mensen, "Slangen zijn verschrikkelijk,
giftig en weerzinwekkend." Ze houden niet van slangen, bijna
instinctief, omdat slangen degene zijn die de eerste mens, Adam
en zijn vrouw, Eva verleiden om het gebod onhoorzaam te zijn
en duwde hen op het pad van de dood.

Om de natuur van de slang te begrijpen, moet je de
kenmerken kennen van de oorspronkelijke grond. Iedere bodem
heeft verschillende ingrediënten en verschillende samengestelde
verhoudingen van hen. Overeenkomstig de elementen welke
toegvoegd worden aan de bodem, kan de bodem goed of arm
worden. Toen God al de soorten dieren des velds schiep en de
vogels des hemels, selecteerde Hij iedere grond die gepast was
voor elk dier (Genesis 2:19).

God maakte de slang aanvankelijk niet listig. God maakte het
wijs genoeg om geliefd te worden door de mens. En toch werd de
slang listig nadat de boze natuur din hem kwam. Als de slang de
stem van satan niet ontvangen had, maar enkel Gods wil had
uitgedragen, zou het een wijs en goed dier geworden zijn. Maar
omdat het luisterde en gehoorzaamde aan de stem van satan, hoe
dan ook, werd de slang een listig dier die Eva verleidde om in de

znde te vallen.

Omdat Eva het Woord van God veranderde

De slang wist wat God gezegd had tegen Adam: *"Van alle bomen in de hof moogt gij vrij eten, maar van de boom der kennis van goed en kwaad, daarvan zult gij niet eten want ten dage, dat gij daarvan eet, zult gij voorzeker sterven."* (Genesis 2:16-17). Dus de slang vroeg Eva listig, "Inderdaad" heeft God gezegd, "Gij zult niet eten van enige boom uit de hof?" (Genesis 3:1)

Hoe antwoordde Eva de slang?

Van de vrucht van het geboomte in de hof moogt wij eten; maar de vrucht van de boom, die in het midden van de hof staat , heeft God gezegd: Gij zult daarvan niet eten noch die aanraken, anders zult gij sterven. (Genesis 3:2-3).

God gaf Adam een duidelijke waarschuwing: "maar van de boom der kennis van goed en kwaad, daarvan zult gij niet eten want ten dage, dat gij daarvan eet, zult gij voorzeker sterven." (Genesis 2: 17). Hij legde de nadruk erop dat ze nooit meer zouden leven als ze aten van de boom. Hoe dan ook, het antwoord van Eva was niet zo duidelijk. Ze antwoordde enkel vaag, "Je zal sterven." Ze liet het woord "voorzeker" weg. Met andere woorden, ze bedoelde, "Als je eet van de verboden vrucht, sterf je of sterf je niet."

Ze hield niet het gebod van God in haar gedachten en twijfelde een klein beetje aan het Woord van God. Nadat de slang haar vage en twijfelachtige antwoord hoorde, haaste hij zich om haar nog meer te verleiden. Hij verdraaide zelfs het gebod van God. De slang zei tot de vrouw, "Je zal voorzeker niet sterven." Hij begon het gebod van God te wijzigen en bemoedigde de vrouw: *"Gij zult geenszins sterven, maar God weet dat ten dage, dat gij daarvan eet, uw ogen geopend zullen worden, en gij als God zult zijn, kennende goed en kwaad."* (Genesis 3: 5). Hij verleidde haar opnieuw, en stimuleerde haar nieuwsgierigheid nog meer.

Eva was ongehoorzaam met haar eigen vrije wil

Nadat satan de zondevolle verlangens in de vrouw ademde door haar onware gedachten, leek de boom anders voor haar dan hoe ze hem tot nu toe gezien had. Genesis 3:6 zegt, *"En de vrouw zag dat de boom goed was om van te eten, en dat hij een lust was voor de ogen, ja, dat de boom begeerlijk was om daardoor verstandig te worden, en zij nam van zijn vrucht en at."*

Ze had de verleiding van de slang botweg en volledig moeten uitdrijven. De verzoeking van zondevolle mensen, de lust van haar ogen, en de trots van het leven hadden haar verteerd, en dreven haar tot de zonde van ongehoorzaamheid.

Sommigen zeggen, "Aten Adam en Eva niet van de boom der kennis van goed en kwaad omdat ze een "zondevolle natuur" in zich hadden?" Ze hadden geen zondevolle natuur, maar enkel goedheid, voordat ze ongehoorzaam werden. Ze hadden enkel hun eigen vrije wil waardoor ze konden of niet konden eten van de verboden vrucht tegen het gebod van God. Terwijl de tijd verstreek, negeerden ze het gebod van God. Toen verleidde satan hen door de slang en ze gaven toe aan de verleiding. Op deze manier, kwam de zonde door hen en deden ze het gebod van God, dat God bevestigd had, geweld aan.

Dat is een soortgelijke zaak met kinderen die opgroeien in het kwade. Zelfs een kind dat goddeloos is in zijn daden en woorden, is niet altijd zo slecht of goddeloos geweest vanaf zijn geboorte. Eerst, doet hij andere kinderen na die grove woorden gebruiken en vloeken zonder te weten wat ze betekenen. Of hij volgt misschien een jongen die iemand slaat, en ervan geniet om andere jongens te slaan en hen te zien uitbarsten in tranen. Dus hij slaat geregeld anderen en het kwade is bevrucht en groeit in hem.

Op gelijke wijze, had Adam niet een zondevolle natuur vanaf het begin. Toen hij het gebod van God ongehoorzaam werd en van de boom at met zijn eigen vrije wil, werd de zonde gebaard en het kwade werd in hem bevestigd.

Het loon van de zonde is de dood

Net zoals God zei tegen Adam, "Eet niet van de boom der kennis van goed en kwaad, want ten dage dat gij daarvan eet, zult gij voorzeker sterven", Adam en Eva stierven zeker nadat ze 'van de boom hadden gegeten. Er staat in Jakobus 1: 15 *"Daarna als die begeerte bevrucht is, baart zij zonde; en als de zonde volgroeid is, brengt zij de dood voort."* Romeinen 6: 23 leert je de wet van het geestelijke rijk over het resultaat van de zonde, "Het loon der zonde is de dood." Laat ons kijken hoe dood Adam en Eva werden vanwege hun ongehoorzaamheid.

Dood van hun geesten

God zei duidelijk tegen Adam, "Eet niet van de boom der kennis van goed en kwaad, want ten dage dat gij daarvan eet, zult gij voorzeker sterven." En toch stierven ze niet onmiddellijk nadat ze het gebod van God niet hadden gehoorzaamt. Ze leefde heel lang en gaven geboorte aan heel veel kinderen. Wat was dan de "dood" waar God voor waarschuwde?

Hij bedoelde niet de dood van hun lichamen, maar de dood van hun geesten. Mensen zijn geschapen met een geest, die met God kan communiceren, een ziel die de dienaar van hun geest is, en een lichaam in welke hun geest en ziel verblijft. 1 Tessalonicenzen 5: 23 zegt dat de mens samengesteld is uit een geest, een ziel en een lichaam. Toen Adam en Eva ongehoorzaam waren aan het gebod van God, stierven hun geesten, de meester van de mens,.

God is onberispelijk en vlekkeloos, en de Heilige die in een ontoegankelijk licht verblijft, dus zondaren kunnen niet bij Hem komen. Adam kon met God communiceren toen hij een levende geest was, maar kon niet langer meer communiceren met God toen zijn geest stierf vanwege de zonde.

Het begin van een pijnlijk leven

De Hof van Eden was een zeer overvloedige en mooie plaats, waar geen zorgen en angst waren, en Adam en Eva konden daar voor eeuwig leven, etende van de boom des levens. Maar ze werden weggedreven uit de Hof van Eden na hun zonde. Vanaf die tijd, begonnen hun moeilijkheden en tegenspoed. De vrouw kreeg meer pijn bij het baren. Ze kreeg begeerte naar haar man en haar man heerste over haar. Alleen nadat de man de aardbodem die vervloekt was, bewerkte met zware inspanning en zwoegende, zou hij daarvan eten al de dagen van zijn leven (Genesis 3: 16-17).

God zei tegen Adam in Genesis 3: 18-19, *"Doornen en distels zal hij u voortbrengen; en gij zult het gewas des velds eten; in het zweet uws aanschijns zult gij brood eten, totdat gij tot de aardbodem wederkeert, omdat gij daaruit genomen zijt; want stof zijt gij en tot stof zult gij wederkeren."* Door deze verzen, laat God blijken dat de mens moet wederkeren tot een handvol stof.

Omdat Adam, de voorvader van de mensheid, de zonde van ongehoorzaamheid deed en zijn geest stierf, werden al zijn nakomelingen geboren als zondaren en waren op de weg van de dood.

Romeinen 5: 12 neemt Adams blijvend erfenis op: *"Daarom, gelijk door één mens de zonde de wereld is binnengekomen en door de zonde de dood, zo is ook de dood tot alle mensen doorgegaan, omdat allen gezondigd hebben."*

Alle mensen zijn geboren met de oorspronkelijke zonde

God stelt de mensen in staat om vruchtbaar te zijn en zich in aantal te vermeerderen door de zaden des levens die Hij hen gaf toen Hij hen schiep. Mensen worden verwekt door de eenwording van een spermazaad en een eicel die God iedere man en vrouw gegeven heeft als het zaad des levens. Omdat het spermazaadje of de eicel de kenmerken van beide ouders heeft, zal de baby die verwekt wordt door de eenwording van het spermazaadje en de eicel lijken op zijn of haar ouders in verschijningen, karakters, smaken, gewoontes, lievelings-, wandelhouding en zo verder.

Op die wijze, is de zondevolle natuur van Adam doorgegeven aan al zijn afstammelingen, nadat Adam, de voorvader van alle mensen zondigde. Het wordt de "oorspronkelijke zonde" genoemd. Adams afstammelingen zijn geboren met de oorspronkelijke zonde. Dus alle mensen zijn onvermijdelijk zondaren.

Sommige ongelovigen klagen, "Waarom in 's hemelsnaam of hoe komt het dat ik een zondaar ben? Ik heb nooit gezondigd." Of anderen vragen, "Hoe kan de zonde van Adam op mij overgaan?"

Laat ons een voorbeeld nemen van een kind. Een zorgende moeder heeft een kind dat bijna een jaar oud is. Ze geeft een ander kind borstvoeding voor de ogen van haar eigen kind. Het is heel gewoon dat de baby kwaad wordt en probeert om de andere baby weg te duwen. Als de moeder niet stopt met het voeden van die baby of de baby stopt niet met het drinken van de borst, zal haar kind duwen of de moeder slaan of de andere baby. Als de moeder verder gaat met het melk geven aan die andere baby, zal haar eigen kind waarschijnlijk in tranen uitbarsten.

Ook al heeft niemand deze kleine baby geleerd om afgunst te hebben, jaloerzie, haat, hebzucht of slaan, de baby heeft deze boze dingen in zijn denken vanaf zijn geboorte. Dit feit legt uit, dat de mens geboren wordt met de oorspronkelijke zonde die geërfd worden van zijn ouders. Hoeveel te meer zondigt ieder mens zelf gedurende zijn leven? Je moet begrijpen dat niet alleen maar zondevolle handelingen, maar ook iedere boze gedachte een zonde voor God is, die het Licht zelf is. God bemerkt en bekijkt het kwade in het denken zoals haat, hebzucht, veroordeling, en veel meer.

Daarom zegt de Bijbel ons dat niemand rechtvaardig verklaard wordt in de ogen van God door zich aan de wet te houden, want allen hebben gezondigd en derven de heerlijkheid Gods (Romeinen 3: 20, 23).

Niet alleen de mens, maar ook alle dingen zijn vervloekt

Toen Adam, die heer was over alle dingen, zondigde en vervloekt was, werden het land en alle vee, alle dieren van het veld en de vogels in de lucht met hem vervloekt. Sinds die tijd, ontstonden er schadelijke en giftige insecten zoals vliegen of muggen die allerlei soorten ziektes overbrengen.

Het land begon doornen en distels te produceren en de mens kon planten oogsten als voedsel door hun pijnlijk harde werken en door het zweet des aanschijns. Mensen waren gedwongen om tranen, pijn, zorgen, ziekte, dood en zo onder ogen te zien, omdat ze vervloekt waren op deze aarde.

Daarom zegt Romeinen 8: 20-22, *"Want de schepping is aan de vruchteloosheid onderworpen, niet vrijwillig, maar om (de wil van) Hem, die haar daaraan onderworpen heeft, in hope echter, omdat ook de schepping zelf van de dienstbaarheid aan de vergankelijkheid zal bevrijd worden tot de vrijheid van de heerlijkheid der kinderen Gods. Want wij weten, dat tot nu toe de ganse schepping in al haar delen zucht en in barensnood is."*

Hoe is dan de slang vervloekt? In Genesis 3: 14, zei God tot de listige slang die de mens tot zonde had verleid, *"Omdat gij dit gedaan hebt, zijt gij vervloekt geworden onder al het vee en onder al het gedierte des velds; op uw buik zult gij gaan en stof zult gij eten, zolang gij leeft."* Slangen, hoe dan ook, eten geen stof maar levende dieren zoals vogels, kikkers, muizen, of insecten. God zei heel duidelijk, "En stof zal je eten al de dagen van je leven." Hoe moeten we deze vers dan uitleggen?

Het "stof" symboliseert hier "mensen die gemaakt zijn uit het stof der aarde (Genesis 2:7), en "de slang" staat voor de vijand duivel en satan (Openbaringen 20: 2). "Stof zal je eten al de dagen van je leven" symboliseert dat satan en de duivel mensen verslinden die niet leven door het woord van God, echter wandelen in de duisternis.

Zelfs de kinderen van God komen moeilijkheden en ellende tegen die satan en de duivel brengen wanneer ze kwaad doen en zondigen tegen Gods wil. Vandaag, gaan de duivel en satan rond als een briezende leeuw, zoekende wie ze kunnen verslinden (1 Petrus 5: 8).

Als ze iemand vinden, nemen ze hem of haar gevangen onder de vloek van zonde en brengen die persoon op de weg van vernietiging. Ware het mogelijk zouden ze zelfs proberen om de kinderen van God te misleiden.

Satan en de duivel verzoeken hen die zeggen "Ik geloof in God.", maar die niet zeker zijn van het woord van God en leiden hen naar de weg van dood. Gewoonlijk probeert de satan en de duivel je te verzoeken door hen die het dichtst bij je staan, zoals je echtgenoot, vriend en familielid – de wijze waarop ze Eva hadden verzocht door de slang, een van haar lievelings huisdieren.

Bijvoorbeeld, je echtgenoot of vriend vraagt misschien. "Is het niet genoeg als je alleen maar de zondagdienst bijwoont? Moet je nu echt ook nog iedere zondagavond dienst bijwonen?" Of "Doe jij altijd je best om iedere dag bijeen te komen?" God bemerkt en kent zelfs onze diepste dingen van ons hart, omdat Hij Alwetend en Almachtig is. Moeten we nu echt uitroepen in gebed?"

God gaf ons het gebod om de Sabbat te onderhouden en deze te heiligen (Exodus 20: 8), probeer samen te komen in de naam van de Here (Hebreewen 10: 25), en roep het uit in gebed (Jeremia 33: 3). Satan kan degene die volkomen in het woord van God verblijven noch verzoeken noch tot zonde brengen (Matteüs 7: 24-25).

Net zoals het zegt in Efeziërs 6: 11 *"Doet de wapenrusting*

Gods aan, om te kunnen standhouden tegen de verleidingen des duivels," je moet jezelf toerusten met het Woord van de waarheid van God en moedig de vijand duivel en satan door geloof uitdrijven.

Waarom plaatste God de boom der kennis van goed en kwaad in de Hof van Eden?

God plaatste de boom der kennis van goed en kwaad in de Hof van Eden, niet om de mens in de vernietiging te brengen, maar om hen ware vreugde en geluk te geven. Niet begrijpende Zijn diepe plan, hebben vele mensen de liefde en rechtvaardigheid van God verkeerd begrepen en geloven zelfs niet in God. Ze leven een saai en doelloos leven, zonder het echte doel voor hun leven te vinden.

Waarom dan plaatste God de boom der kennis van goed en kwaad in de Hof van Eden en waarom brengt dat grote zegeningen aan jou?

Adam en Eva kenden geen waar geluk

De Hof van Eden was een mooie en overvloedige plaats meer dan je je kan voorstellen. God maakte allerlei soorten bomen die groeiden vanuit de grond. Ze waren behaaglijk voor het oog en goed als voedsel. In het midden van de hof waren de boom des levens en de boom der kennis van goed en kwaad (Genesis 2: 9).

Waarom plaatste God dan de boom der kennis van goed en

kwaad in het midden van de hof, samen met de boom des levens zodat ze die goed konden zien? God heeft nooit de intentie gehad om de mens te brengen op de weg van vernietiging door ze te verleiden om van de boom te eten. Er was een voorzienigheid van God om ons de betrekkelijkheid te laten begrijpen, door de boom der kennis van goed en kwaad en zijn ware geestelijke kinderen te worden, die Zijn hart kunnen voelen.

Terwijl mensen tranen, zorgen, armoede, of ziektes ervaren, kunnen de mensen misschien denken dat Adam en Eva heel gelukkig geweest moeten zijn in de Hof van Eden omdat ze geen pijnen kenden zoals tranen, zorgen, armoede of ziektes in deze wereld. Hoe dan ook, de mensen in de Hof van Eden kenden noch waar geluk noch ware liefde, omdat ze nooit de betrekkelijkheid hadden ervaren.

Laat ons een voorbeeld nemen. Er zijn twee jongens. De ene is geboren en groeit op in armoede, maar de andere is geboren in overvloed en geniet ervan. Als je hen beiden een heel duur stuk speelgoed zou geven als een geschenk, hoe zullen ze beiden reageren? Aan de ene kant, de jongen die opgroeide in rijkdom zal niet zo dankbaar zijn, omdat hij zelden de waarde van het stuk speelgoed voelt. Aan de andere kant, zal de andere jongen die opgroeide in armoede, heel dankbaar zijn en het stuk speelgoed als heel kostbaar zien.

Waar geluk komt door betrekkelijkheid

Op dezelfde wijze, degene die betrekkelijke dingen van vrijheid of overvloed ervaren hebben, kennen en genieten van waar geluk of ware vrijheid. In tegenstelling tot de Hof van Eden, zijn er veel betrekkelijke dingen in deze wereld. Als je wenst te weten en te genieten van de ware waarde van iets, dan moet je de betrekkelijkheid ervan ervaren. Je kan de echte waarde niet tenvolle beseffen tenzij je de tegenovergestelde aspecten hebt ervaren. Bijvoorbeeld, als je wenst om echt geluk te kennen, moet je ongeluk ervaren hebben. Als je de waarde wenst te kennen van ware liefde, moet je haat hebben ervaren. Je kan niet de waarde beseffen van je gezondheid, totdat je in pijn bent vanwege ziektes of een slechte gezondheid. Je zal niet de waarde van het eeuwige leven beseffen en niet dankbaar zijn aan God de Vader die voor de rechtvaardigen de hemel heeft voorbereid totdat je begrijpt dat er zeker de dood is en de hel.

De eerste mens, Adam, genoot van alles wat hij maar wenste te eten en had de autoriteit om alle dingen in de Hof van Eden te beheren. Hij kreeg alles zonder zwoegen of het zweet zijns aanschijns. Om die reden, drukte hij geen dankbaarheid uit aan God die hem dit alles gaf noch kende hij Zijn genade en liefde in zijn hart.

Later, was Adam ongehoorzaam aan het gebod van God door te eten van de vrucht. Hij was een levende geest tot op dat moment, maar nadat hij zondigde, stierf zijn geest en werd hij een mens van vlees. Hij en zijn vrouw werden uit de Hof van Eden verdreven en kwamen te leven op deze aarde. Hij begon dingen te verdragen die hij nooit eerder had ervaren in de Hof van Eden: tranen, zorgen, ziektes, pijn, ongeluk, dood en zo verder. Ten slotte, ervoer hij al het tegenovergestelde van het geluk dat hij had in de Hof van Eden.

In zo'n proces, konden Adam en Eva begrijpen en voelen wat gelukkig of ongelukkig zijn was en hoe waardevol de vrijheid en overvloed was die God hen gegeven had in de Hof van Eden.

Je leven is zinloos als je voor eeuwig leeft, zonder te weten wat gelukkig en ongelukkig zijn betekend. Zelfs als je nu tegenspoed hebt, zal je leven meer waardevol zijn en betekenisvol als je later echt geluk kent.

Bijvoorbeeld, zelfs als ouders van hun kinderen verwachten dat ze moeite zullen hebben met studeren, laten ze hun kinderen toch naar school gaan. Wanneer ze van hun kinderen houden, zullen de ouders graag hun kinderen helpen om hard te studeren of een heleboel goede dingen te ervaren. Dat is dezelfde zaak als het hart van God, de Vader, die de mensen naar deze aarde zond en hun koestert als Zijn ware kinderen door allerlei ervaringen.

Om die reden plaatste God de boom der kennis van goed en kwaad in de Hof van Eden, en verhinderde Adam en Eva er niet van om ervan te eten met hun eigen vrije wil. Hij plande alle dingen zodat de mens allerlei soorten van vreugde, boosheid, zorgen of plezier in deze wereld zou ervaren en Zijn ware kinderen worden door de mensheid te koesteren.

Door pijnlijke ervaringen, konden ze uiteindelijk de echte waarde en betekenis begrijpen van die dingen, een voor een in het diepst van hun hart.

Omdat ze geweten en gevoeld hebben de ware vreugde door de menselijke beschaving, zullen Gods kinderen God niet meer verraden zoals Adam deed in de Hof van Eden, hoe lang de tijd ook verder gaat. In plaats daarvan zullen zij Hem meer en meer lief hebben en vervuld worden met vreugde en dankbaarheid en Hem grotere glorie geven.

Echt geluk in de hemel

Gods kinderen die tranen, zorgen, pijn, ziektes, dood en zo verder hebben ervaren in deze wereld zullen de eeuwige hemel binnengaan en genieten van eeuwig geluk, liefde, vreugde, en voor eeuwig dank geven. Zij zullen de vreugde van volmaakt geluk voelen in de hemel. In deze vleselijke wereld, verrot en sterft alles, maar daar verrot niets, zijn er geen dood, tranen, zorgen in het eeuwige hemelse koninkrijk. Goud is het meest geachte in deze wereld, maar alle straten in het Nieuwe Jeruzalem, in de hemel zijn gemaakt van zuiver goud. Hemelse huizen zijn gemaakt van zeer mooie en waardevolle juwelen. Hoe wonderlijk en mooi zijn zij!

Ik beschouwde goud of juwelen als het meest waardevolle totdat ik God ontmoette, maar vanaf de tijd dat ik begon te leren over de eeuwige hemel, begon ik alles in deze wereld als nutteloos of waardeloos te beschouwen. Leven op deze wereld is maar een ogenblik, in vergelijking met het eeuwige rijk. Als je werkelijk gelooft in en hoopt op de eeuwige hemel, zal je nooit van deze wereld houden. In plaats daarvan zou je denken aan wat je zou kunnen doen en kan doen om ook maar een persoon te redden of hoe je het evangelie kan brengen aan alle mensen over de hele wereld. Je zal rijkdom vergaren voor jezelf, beloningen in de hemel door je beste offers te geven aan God met je hele hart, zonder te proberen om rijkdom op deze wereld te vergaren voor jezelf.

De apostel Paulus kon zijn ruwe weg beëindigen met vreugde en dank, omdat hij de derde hemel zag, God liet het hem zien in een visioen. Hij moest enorme tegenspoed verdragen als een apostel voor de heidenen. God toonde hem de grote schoonheid van de hemel en bemoedigde hem om zijn weg te gaan tot het laatste ogenblik in de hoop voor de hemel. Hij was geslagen met stokken, verschillende keren gegeseld, gestenigd, regelmatig gevangen, en liet zijn bloed vloeien terwijl hij het evangelie van de Heer verkondigde. Ondanks dit alles, wist Paulus dat al deze dingen een zeer grote beloning zouden geven, die onbeschrijfelijk is, in de hemel. Uiteindelijk, waren al zijn tegenslagen voor grote hemelse zegeningen.

Mannen van God hopen niet op deze wereld. Ze verlangen enkel naar het hemelse koninkrijk. Deze wereld is slechts een moment in Gods ogen, maar het leven in het hemelse koninkrijk is voor eeuwig. Daar zijn geen tranen, of zorgen, of lijden, of dood in de hemel. Dus ze kunnen altijd gelukkig leven hopende voor de grote prijs waar God hen mee zal belonen in de hemel, overeenkomstig wat ze gezaaid of gedaan hebben.

Daarom bid ik, in de naam van onze Heer Jezus Christus dat je de grote liefde en voorzienigheid van God, de Schepper mag begrijpen, jezelf mag voorbereiden om te genieten van een eeuwig leven en waar geluk in een fantastisch mooie en glorieuze hemel.

Hoofdstuk 4

HET GEHEIM VERBORGEN VAN VOOR HET BEGIN DER TIJDEN

- Adams autoriteit werd overgeleverd
  aan de Duivel
- De wet van de lossing van het land
- Het geheim verborgen van voor het
  begin der tijden
- Jezus is bevoegd overeenkomstig de wet

*Toch spreken wij wijsheid bij hen,
die daarvoor rijp zijn, een wijsheid
echter niet van deze eeuw, noch van
de heersers dezer eeuw, wier macht
teniet gaat, maar wat wij spreken,
als een geheimenis, is de verborgen
wijsheid Gods, die Gods (reeds) van
eeuwigheid voorbeschikt heeft tot
onze heerlijkheid. En geen van de
beheersers dezer eeuw heeft van
haar geweten, want indien zij van
haar geweten hadden, zouden zij de
Here der heerlijkheid niet
gekruisigd hebben.*

1 Korintiërs 2: 6-8

Adam en Eva waren verleid door de slang in de Hof van Eden, waren ongehoorzaam aan het gebod van God en aten van de boom van kennis van goed en kwaad, omdat ze het verlangen hadden om als God te zijn in hun denken. Als resultaat, werden zij, en hun gehele nageslacht zondaren.

Vanuit menselijk oogpunt, wordt gedacht dat Adam en Eva ellendig waren omdat ze uit de Hof van Eden werden verdreven en moesten gaan op de weg van de dood. Geestelijk gesproken, hoe dan ook, is het een ontzagwekkende zegen van God omdat ze nu de kans kregen om redding te genieten, eeuwig leven en de hemelse zegeningen door Jezus Christus.

Door de menselijke beschaving, werd het geheim wat verborgen was voor jou glorie, van voor het begin der tijden geopenbaard en de weg van redding werd wijd geopend voor alle naties. Laat ons het geheim van voor het begin der tijden wat verborgen is, dieper doorvorsen en hoe de weg tot redding geopend werd.

Adams autoriteit werd overgeleverd aan de Duivel

In Lucas 4: 5-6, vinden we dat de Duivel Jezus verzocht die

juist een 40-dagen vasten beëindigd had:

En hij voerde Hem op een hoogte en toonde Hem al de koninkrijken der wereld in een ogenblik tijds. En de duivel zeide tot Hem: "U zal ik al deze macht geven, en hun heerlijkheid, want zij is mij overgegeven, en ik geef haar aan wie ik wil."

De duivel zei dat hij de autoriteit zou overleveren aan Jezus, omdat iemand het overgegeven had aan hem. Waarom stond God, die over alle dingen regeert, toe dat alle autoriteit werd overgeleverd aan de duivel?

Er staat geschreven in Genesis 1: 28, *"En God zegende hen, en God zeide tot hen: 'Weest vruchtbaar en wordt talrijk; vervuld de aarde en onderwerpt haar, heerst over de vissen der zee en over het gevogelte des hemels en over al het gedierte, dat op de aarde kruipt.'"*

Adam ontving de autoriteit en de macht om alle dingen van God te beheren en erover te heersen. Hij was de heer over alle dingen, maar na lange tijd, werden hij en zijn vrouw misleid om te eten van de boom van kennis van goed en kwaad door de listige slang. Hij bedreef een zonde van ongehoorzaamheid aan God.

Het zegt in Romeinen 6: 16, *"Weet gij niet, dat gij Hem, in wiens dienst gij u stelt als slaven ter gehoorzaamheid, ook moet gehoorzamen als slaven, hetzij dan van de dood, hetzij van de gehoorzaamheid tot gerechtigheid?"* Je bent een slaaf tot zonde of tot gerechtigheid. Als je zonde bedrijft, ben je een slaaf tot de zonde en zal je tot de dood geleid worden. Als je het woord van gerechtigheid gehoorzaamd, hoe dan ook, ben je een slaaf van gerechtigheid en zal je de hemel binnengaan. Adam deed een zonde van ongehoorzaamheid aan God en werd een slaaf der zonde. Dus kon hij niet langer alle autoriteit en macht hebben die God hem gegeven had. Hij moest alle autoriteit en macht overgeven aan de duivel, net zoals in het natuurlijke alle bezittingen van een slaaf aan zijn meester toebehoren. In 'kort, Adam gaf zijn autoriteit en macht die God hem gegeven had over aan de duivel omdat hij gezondigd had en een slaaf van de zonde werd.

Adams ongehoorzaamheid had als resultaat dat alle mensen zondigen. Hij veroorzaakte voor hem en al zijn nageslachten om de duivel te dienen als slaven en om veroordeeld te zijn tot de dood.

De wet van de lossing van het land

Wat moeten mensen doen om vrijgezet te worden van de vijand duivel en satan om gered te worden van de zonde en de dood? Sommigen zeggen, "God vergeeft iedereen onvoorwaardelijk, omdat God liefde is. Hij verblijft in bewogenheid en genade." Hoe dan ook, 1 Korinthiërs 14: 40 zegt, *"Laat alles betamelijk en in goede orde geschieden."* God doet alles in een ordelijke manier overeenkomstig de wet van het geestelijke rijk. God doet niets tegen de geestelijke wet, omdat Hij de God van gerechtigheid en eerlijkheid is. In het geestelijke rijk, is er een wet om zondaren te straffen, zeggende, "Het loon van de zonde is de dood." Ook, is er een wet om zondaren te verlossen. Deze geestelijke wet, zou toegepast moeten worden om de autoriteit van Adam, die overgeleverd is aan de duivel, te herstellen.

Nu dan, wat is dan de wet van verlossing voor zondaren? Het is de wet van de lossing van het land, wat beschreven staat in het Oude Testament. Voor het begin der tijden, heeft God de Vader in het verborgene een weg voorbereid voor de redding van de mensheid overeenkomstig deze wet.

Wat is de wet van de lossing van het land?

Dit is Gods gebod aan de Israëlieten in Leviticus 25: 23-25:

En het land zal niet voor altijd verkocht worden, want het land is van Mij, en gij zijt vreemdelingen en bijwoners bij Mij. In het gehele land, dat gij in bezit hebt, zult gij lossing voor het land toestaan. Wanneer uw broeder verarmd is en iets van zijn bezitting heeft moeten verkopen, dan zal zijn naaste bloedverwant als losser optreden, en hij zal loskopen wat zijn broeder heeft moeten verkopen.

Elk stukje land behoort God toe en moet niet voorgoed verkocht worden. Wanneer iemand zijn stuk land verkocht vanwege zijn armoede, stond God hem of zijn dichtstbijzijnde bloedverwant toe om het stuk land terug te kopen. Dit is de wet van de lossing van het land.

De mensen van Israël stelden een contract certificaat van het land op, overeenkomstig de wet van de lossing van het land, om het land niet blijvend te verkopen, wanneer ze land verkopen en kopen. De verkoper en koper schrijven de gedetailleerde inhoud neer van het contract op een certificaat zodat de verkoper of zijn dichtstbijzijnde bloedverwant het enige tijd later kon lossen. Ze maken er een kopie van en plaatsen beiden hun zegels op de twee contracten in het bijzijn van twee of drie getuigen. Een contract werd verzegeld en bewaard in een opslagplaats van de heilige tempel. Het andere contract werd bewaard in een openbaar toegankelijke ruimte, geopend en onverzegeld. De wet van de lossing van land staat de verkoper en zijn dichtstbijzijnde bloedverwant toe om het land wanneer dan ook maar te lossen.

De wet van lossing van het land en redding van de mens

Waarom bereidde God de weg van de redding van mensen voor overeenkomstig de wet van de lossing van het land? Genesis 3: 19 en 23 vertellen duidelijk dat de wet van de lossing van het land een rechtstreekse verbinding heeft met de redding van de mensheid:

In het zweet uws aanschijns zult gij brood eten, totdat gij tot de aardbodem wederkeert, omdat gij daaruit genomen zijt; want stof zijt gij en tot stof zult gij wederkeren. (Genesis 3:19).

Toen zond de Here God hem weg uit de hof van Eden om de aardbodem te bewerken, waaruit hij genomen was. (Genesis 3:23).

God zei tot Adam na zijn ongehoorzaamheid, "Want stof zijt gij, en tot stof zult gij wederkeren." Hier symboliseert, "stof" dat mensen gevormd zijn uit het stof. Daarom, keert de mens weder tot stof na de dood.

De wet van lossing van het land zegt dat al het land van God is en niet blijvend verkocht mag worden (Leviticus 25: 23-25). Deze verzen betekenen dat alle mensen die gemaakt zijn uit stof van het land, God toe behoren en niet blijvend verkocht kunnen worden. Het toont ook aan dat geen autoriteit en macht die Adam van God heeft ontvangen, blijvend verkocht kon worden, omdat ze God toebehoorden.

Adams autoriteit werd overgegeven aan de vijand duivel en satan, maar hij die echt voor de lossing van Adams autoriteit is, kon het herstellen van de vijand, de duivel. Op gelijkewijze, heeft de God van gerechtigheid een perfecte losser voorbestemd overeenkomstig de wet van de lossing van het land. Die Losser is de Redder van alle mensen.

Het geheim verborgen van voor het begin

der tijden

Voordat de tijd begon, wist de God van liefde dat Adam ongehoorzaam zou zijn en dat al zijn nageslacht zou komen op de weg van de dood. Hij bereidde in het geheim een weg voor om mensen te redden en heeft het verborgen tot Zijn verkozen tijd. Wanneer de duivel Gods wegen had gekend, zou het God verhinderd hebben om de zonde en dood van alle mensen op te lossen, zodat ze hun autoriteit niet zouden verliezen.

1 Korintiërs 2:7 zegt dat *"Maar wat wij spreken als een geheimenis, is de verborgen wijsheid Gods, die God reeds van eeuwigheid voorbeschikt heeft tot onze heerlijkheid".*

Jezus Christus, de wijsheid van God

Romeinen 5: 18-19 zegt, *"Derhalve, gelijk het door één daad van overtreding voor alle mensen tot veroordeling gekomen is, zo komt het ook door één daad van gerechtigheid voor alle mensen tot rechtvaardiging ten leven. Want, gelijk door de ongehoorzaamheid van één mens velen zondaren geworden zijn, zo zullen ook door de gehoorzaamheid van één zeer velen rechtvaardig worden."*

Alle mensen zouden rechtvaardig worden en gered zijn door de gehoorzaamheid van maar één mens, net zoals alle mensen zondaren werden en vielen op de weg van de dood omdat een mens ongehoorzaam werd.

Op gelijkewijze, zond God Jezus Christus, die Hij in het

verborgen had voorbereid als de weg van redding en liet Jezus gekruisigd worden en wekte Hem op uit de dood. Van toen af aan, is eenieder die in Hem gelooft gered. In 1 Korintiërs 1: 18, zegt God ons dat *"Want het woord des Kruises is wel voor hen die verloren gaan, een dwaasheid, maar voor ons, die behouden worden, is het een kracht Gods."*

Het klinkt voor sommige mensen dwaas dat de Zoon van God, de Almachtige beledigd werd en gedood werd door Zijn schepsels. Hoe dan ook, dit "dwaze" plan van God is veel wijzer dan het meest wijze plan van de mens en Gods "Zwakheid" is veel sterker dan de grootste kracht van de mens (1 Korintiërs 1: 19-24). De bijbel zegt uitdrukkelijk dat niemand rechtvaardig kan worden in de ogen van God door de wet na te komen. En toch, opende God de weg naar redding voor iedereen die gelooft in Jezus Christus, op deze eenvoudige manier.

Het loon van de zonde is de dood. Dus, niemand kon gered worden als Jezus niet gestorven was voor onze zonden. Jezus werd gekruisigd voor onze zonde en stond opnieuw op door de kracht van God. Op gelijke wijze, bereidde God de weg voor die misschien zwak of dwaas mag lijken en verborg het voor een lange tijd.

God had Jezus Christus en Zijn kruisiging in het geheim verborgen, omdat de vijand duivel en satan, als ze ervan geweten hadden, de weg van de redding van de mensen verhinderd zouden hebben. De duivel zou Jezus nooit vermoord hebben aan het kruis als hij geweten had dat God de weg van redding had voorbereid door het kruis om de mensen te verlossen van hun zonden, om hen te redden van de dood, en om Adams autoriteit te herstellen van de duivel.

Opnieuw, herinner 1 Korintiërs 2: 7-8: *"Maar wat wij spreken als een geheimenis, is de verborgen wijsheid Gods, die God (reeds) van eeuwigheid voorbeschikt heeft tot onze heerlijkheid. En geen van de beheersers dezer eeuw heeft van haar geweten, want indien zij van haar geweten hadden, zouden zij de Here der heerlijkheid niet gekruisigd hebben."*

Jezus is bevoegd overeenkomstig de wet

Zoals ieder contract voorschriften heeft, heeft ook het geestelijk rijk een regel, welke voorschrijft dat de losser bekwaam moet zijn om de verloren autoriteit van Adam terug te geven van de duivel overeenkomstig de wet van de lossing van het land.

Bijvoorbeeld, stel je voor dat er man een faillissement voor ogen ziet van zijn zaak. Hij heeft schulden, maar is niet in staat om ze af te betalen. Als hij nu een rijke broer heeft die hem liefheeft, zal zijn broer al die schuld in een keer aflossen.

Alle mensen die zondaren zijn sinds de val van Adam hebben een Verlosser nodig die bekwaam is om hen te reinigen van zonden. Wat zijn dan de vereiste van de losser? Waarom zegt de Bijbel, dat alleen Jezus bevoegd is?

Ten eerste, de Verlosser moet een mens zijn

In Leviticus 25: 25, staat, *"Wanneer je broeder verarmd is en iets van zijn bezitting heeft moeten verkopen, dan zal zijn naaste bloedverwant als losser optreden, en hij zal loskopen wat zijn broeder heeft moeten verkopen.*" De wet van de lossing van land zegt dat als een mens arm wordt en zijn bezitting verkoopt, zijn naaste bloedverwant kan lossen wat hij verkocht heeft.

1 Korintiërs 15: 21-22 zegt, "*Want dewijl de dood er is door een mens, is ook de opstanding der doden door een mens. Want evenals in Adam allen sterven, zo zullen ook in Christus allen levend gemaakt worden.*" De eerste bevoegdheid van de Verlosser die Adams autoriteit kan teruggeven is dat hij een mens moet zijn. Dit feit is nogmaals opgeschreven in detail in Openbaringen 5: 1-5:

> *En ik zag in de rechterhand van Hem, die op de troon zat, een boekrol, beschreven van binnen en van buiten, welverzegeld met zeven zegels. En ik zag een sterke engel, die met luider stem uitriep: "Wie is waardig de boekrol te openen en haar zegels te verbreken?" En niemand in de hemel, noch op de aarde, noch onder de aarde kon de boekrol openen of haar inzien. En een uit de oudsten zeide tot mij: "Ween niet; zie, de leeuw uit de stam van Juda, de wortel Davids, heeft overwonnen om de boekrol en haar zeven zegels te openen.*"

"Een boekrol, beschreven van binnen en van buiten, welverzegeld met zeven zegels" wijst op een contract wat gemaakt was tussen God en de duivel, toen Adam ongehoorzaam was aan God en een zondaar werd. De Apostel Johannes kon niemand vinden die waardig was om de zegels te verbreken en de boekrol te openen in de hemel, of op de aarde of onder de aarde.

Dat kwam omdat de engelen in de hemel geen mensen zijn, alle mensen op de aarde zondaren zijn als nageslacht van Adam, en onder de aarde, zijn er alleen maar slechte geesten die de duivel toebehoren en de dode zielen die in de hel gaan vallen.

Op dat moment, zei een van de oudsten tot Johannes: "Ween niet; zie, de leeuw uit de stam van Juda, de wortel Davids, heeft overwonnen om de boekrol en haar zeven zegels te openen."

Hier verwijst, "de wortel Davids" naar Jezus, die geboren werd als een afstammeling van Koning David van de stam van Juda (Handelingen 13: 22-23). Daarom, is Jezus bevoegd voor de eerste voorwaarde van de wet van de lossing van het land.

Sommigen zeggen misschien "God is volkomen. Jezus is zeker God, omdat Hij de Zoon van God is. Hij is nooit een mens." Herinner je, hoe dan ook, Johannes 1: 1 dat zegt *"Het Woord was God,"* en Johannes 1: 14, zegt *"En het Woord is vlees geworden en heeft onder ons gewoond."* God, die het Woord was, is vlees geworden en heeft hier op de aarde onder ons gewoond.

Het was Jezus wiens oorspronkelijke wezen God was, die vlees werd als de mens. Hij had menselijkheid en goddelijkheid. Hoe dan ook, Hij werd geboren en groeide op in een menselijke gelijkenis, in het vlees. De geschiedenis van de mensheid is verdeeld in twee delen met de tijd van Jezus' geboorte als scheiding: V.C., Voor Christus, en N.A., Na Christus (Anno Domini). Dit alleen al getuigt dat Jezus vlees werd en naar deze aarde kwam. De geboorte van Jezus, opvoeding, en kruisiging zijn ook delen van dit duidelijke feit. Jezus, is daarom, een mens en bevoegd om onze Verlosser te zijn.

Ten tweede, Hij mag geen afstammeling van Adam zijn

Een schuldenaar kan niet de schuld afbetalen van andere mensen. Hij die geen schuld heeft en de mogelijkheid heeft om anderen te helpen kan het afbetalen. Op dezelfde wijze, moet de Verlosser van alle mensen onberispelijk en smetteloos zijn om alle mensen van de zonde en de dood te verlossen. Alle mensen zijn afstammelingen van Adam en zondaren omdat de eerste voorvader, Adam, van alle mensen zondigde. Geen enkele van zijn afstammelingen is bevoegd om de verlosser van alle mensen te zijn, omdat zij zelf ook zondaren zijn. Zelfs niet een van de grootste mannen uit de geschiedenis van de mensheid kan verantwoordelijk zijn voor de zonden van anderen. Heeft Jezus deze bevoegdheid?

Matteüs 1:18-21 beschrijft de geboorte van Jezus. Hij werd verwekt door de Heilige Geest, niet door de eenwording van een man en een vrouw. Het vers zegt:

De geboorte van Jezus Christus geschiedde aldus. Terwijl zijn moeder Maria ondertrouwd was met Jozef, bleek zij, voordat zij gingen samenwonen, zwanger te zijn uit de Heilige Geest. Daar nu Jozef, haar man, rechtschapen was en haar niet in opspraak wilde

brengen, was hij van zins in stilte van haar te scheiden.
Toen die overweging bij hem opkwam, zie, een engel des
Heren verscheen hem in de droom en zeide: Jozef, zoon
van David, schroom niet Maria, uw vrouw, tot u te
nemen, want wat in haar verwekt is, is uit de Heilige
Geest. Zij zal een zoon baren en gij zult Hem de naam
Jezus geven. Want Hij is het, die zijn volk zal redden van
hun zonden.

Jezus was een afstammeling van David volgens Zijn
geslachtsregister (Matteüs 1; Lucas 3: 23-37). Hoe dan ook, Hij
werd verwekt door de Heilige Geest, voordat Maria
gemeenschap had met Jozef. Daarom, heeft Hij dus geen
zondevolle natuur.

Iedereen is geboren met de oorspronkelijke zonden, omdat
hij de zondevolle natuur van zijn ouders ontvangt. Met andere
woorden, nadat Adam zondigde, leverde hij zijn zondevolle
natuur over aan al zijn afstammelingen. De zondevolle natuur
hebben alle mensen geërfd tot vandaag, en die zonde wordt de
"oorspronkelijke zonde" genoemd. Om deze reden, zijn alle
afstammelingen van Adam zondaren en kunnen geen andere
mensen verlossen.

Dus, God de Vader plande Zijn Zoon Jezus om verwekt te
worden door de Heilige Geest in de baarmoeder van de maagd
Maria. Op deze wijze, werd Jezus vlees en kwam naar deze aarde,
maar niet als een afstammeling van Adam.

Ten derde, Hij moet de kracht hebben om de duivel te overwinnen

Opnieuw zegt, Leviticus 25: 26-27 ons:

Wanneer iemand geen losser heeft, maar zijn vermogen wordt toereikend, zodat hij verwerft, wat hij voor lossing nodig heeft, dan zal hij de jaren sinds de verkoop in rekening brengen, en wat nog overblijft de man terugbetalen aan wie hij het verkocht heeft, opdat hij zijn bezitting terugkrijgt.

In het kort, een verlosser zou de kracht moeten hebben om het verkochte land terug te kopen. Een arme man kan de schuld van zijn vriend niet afbetalen ook al zou hij dat echt willen doen. Op dezelfde wijze, mag de Verlosser geen zonde hebben, om in staat te zijn om alle mensen te redden van hun zonden. Geen zonde hebben is iemands kracht in het geestelijke rijk.

De verlosser moet de kracht hebben om de vijand duivel en satan te verslaan en om de verloren autoriteit van Adam terug te geven. Dat betekent, dat de verlosser noch de oorspronkelijke zonde noch zijn eigen zonde mag hebben. Enkel een zondeloze verlosser kan de duivel verslaan en alle mensen bevrijden van de duivel.

Was Jezus zonder zonden?

Jezus had geen oorspronkelijke zonden, omdat Hij verwekt was door de Heilige Geest. Hij gehoorzaamde de wet van God tenvolle, omdat Hij opgroeide onder de controle van ouders die God vreesden. Hij vervulde de wet met liefde. Hij werd de achtste dag besneden na zijn geboorte (Lucas 2: 21) Hij heeft nooit zelf gezondigd en was enkel gehoorzaam aan de wil van God, de Vader, totdat Hij gekruisigd werd op 33 jarige leeftijd. (1 Petrus 2: 22-24; Hebreewen 7: 26). Jezus kon de duivel verslaan en kon alle mensen verlossen omdat Hij helemaal niet gezondigd had. Zijn "zondeloosheid" werd getuigd door Zijn vele wonderwerken. Hij dreef demonen uit, maakte de blinden ziende, de doven hoorden, de lammen wandelden, en Hij genas alle soorten van ongeneselijke ziektes. Een hevige storm maakt Hij rustig en een stevige wind stopte Hij toen Hij de wind bestrafte en tot het water zei: "Wees stil!" (Markus 4: 39)

Tenslotte, Hij moet een opofferende liefde hebben

Zelfs een rijke man zou het land niet lossen als hij geen liefde had voor de man die zijn land verkocht had. Op dezelfde wijze, moet de Verlosser liefde hebben voor de zondaren tot het punt van Zichzelf opofferen om het probleem van de zondeval voor eens en altijd op te lossen.

In Ruth 4: 1-6, was Boaz zich heel bewust van de armoede van Naomi en zei zijn naaste bloedverwant – een losser om het land terug te kopen als hij wilde. En toch, weigerde de man, zeggende tot Boaz, *"Toen zeide de losser: Dan kan ik het voor mij niet lossen, want ik zou mijn eigen erfdeel te gronde richten. Los gij voor u wat ik zou moeten lossen; want ik kan het niet lossen.*" (v. 6) Hij loste het land niet voor Naomi en Ruth, ook al was hij rijk genoeg om het te doen. Dat kwam omdat hij geen opofferende liefde had. Na dat alles, loste Boaz, de volgende naaste bloedverwant – losser, het land omdat hij zoveel opofferende liefde had.

Boaz werd een wettelijke losser en trouwde met Ruth, omdat hij genoeg liefde had om het land van Naomi te lossen. De zoon die geboren werd aan Boaz en Ruth was de overgrootvader van Koning David en werd vermeld in de familielijn van Jezus.

Jezus werd gekruisigd in liefde. Jezus was het Woord, maar werd vlees en kwam naar deze aarde. Hij was geen afstammeling van Adam, omdat Hij verwekt werd door de Heilige Geest. Dus, Hij werd geboren zonder de oorspronkelijke zonde. Hij had de kracht om alle mensen van zonden te verlossen omdat Hij zondeloos was.

Hoe dan ook, Hij had niet de Verlosser kunnen worden zonder een geestelijk opofferende liefde, ook al had Hij zelfs de drie andere bevoegdheden. Hij moest de straf op zich nemen van de zonde, wat zondaren eigenlijk op zich moesten nemen, zodat Hij de mensen kon verlossen van zonden.

Hij moest behandeld worden als de meest ernstige en gevaarlijke crimineel en gehangen worden aan een ruw houten kruis. Hij moest beledigd en bespot worden, en al Zijn bloed en water van Zijn lichaam laten vloeien om alle mensen te redden. Hij moest een hoge prijs betalen en een groot offer brengen.

Je kan nergens in de menselijke geschiedenis terug vinden dat een onberispelijke prins stierf voor zijn slechte en domme volk.

Jezus is de Ene en Enige Zoon van God, de Almachtige, de Koning der koningen, de Here der heerscharen, en de Meester van de hele schepping. Zo'n grote, nobele en onberispelijke Jezus werd aan een kruis gehangen en stierf terwijl Zijn bloed vloeide. Wat een onmeetbare liefde had Hij voor ons? In feite, deed Jezus enkel goede daden in Zijn leven. Hij gaf zondaren vergeving, genas alle soorten van zieke mensen, zette vele mensen vrij van demonen, gaf het goede nieuws van vrede, vreugde, en liefde en gaf aan mensen een oprechte hoop voor de hemel en redding. Bovendien, gaf Hij Zijn eigen leven voor zondaren.

Romeinen 5: 7-8 zegt, *"Want niet licht zal iemand voor een rechtvaardige sterven – maar misschien heeft iemand nog de moed voor een goede te sterven – God echter bewijst zijn liefde jegens ons, doordat Christus, toen wij nog zondaren waren, voor ons gestorven is."* God de Vader zond Zijn Ene en Enige Zoon Jezus voor ons, die noch rechtvaardig noch goed zijn, en stond toe dat Hij aan een kruis werd gehangen en eraan stierf. Hij toonde Zijn grote liefde op deze manier.

Daarom, bid ik in de naam van de Here dat je mag begrijpen dat je niet gered kan worden in de naam van iemand anders, dan alleen maar Jezus Christus, verkrijg het recht om een kind van God te worden door Jezus Christus aan te nemen, en geniet altijd een overwinnend leven door de zekerheid van redding!

Hoofdstuk 5

WAAROM IS JEZUS ONZE ENIGE REDDER?

- De Voorziening van redding door
  Jezus Christus
- Waarom werd Jezus aan een houten
  kruis gehangen?
- Geen andere naam in de wereld,
  dan "Jezus Christus"

Dit is de steen, door u, de bouwlieden, versmaad, die nochtans tot hoeksteen is geworden. En de behoudenis is in niemand anders, want er is ook onder de hemel geen andere naam aan de mensen gegeven, waardoor wij moeten behouden worden.

Handelingen 4: 11–12

Je zal van God houden met je hele hart als je Zijn diepe besef en aandacht voor de menselijke beschaving ziet. Meer nog, je moet Zijn liefde en wijsheid bewonderen, wanneer je de voorziening begrijpt van de redding door Jezus Christus. Hoe was de voorziening van redding door Jezus Christus en dat wat verborgen was van voor de tijden, bewerkt? Ik zei al eerder dat de God van rechtvaardigheid diegene had voorbereidt die bevoegd was voor de verlossing van alle mensen, in overeenstemming met de geestelijke wetten en dat er niemand anders is dan Jezus onder de hemelen die hieraan voldoet.

Jezus is de enige die mens was, maar geen afstammeling van Adam omdat Hij verwekt werd door de Heilige Geest en als mens naar de aarde kwam. Bovendien, had Hij de kracht en de liefde om alle mensen te verlossen. Dus kon Hij de weg openen voor redding van alle mensen door gekruisigd te worden.

Daarom, wordt er gezegd in Handelingen 4: 12, *"En de behoudenis is in niemand anders, want er is ook onder de hemel geen andere naam aan de mensen gegeven, waardoor wij moeten behouden worden."*

Voor al wie Jezus Christus aanvaardt en in hem gelooft, zijn zonden zijn vergeven en is gered. Hij komt vanuit de duisternis in het licht en ontvangt de autoriteit en de zegeningen als een kind van God.

De Voorziening van redding door Jezus Christus

God bereidde de weg tot redding van voor het begin der tijden. Het boek Genesis profeteert over Jezus en het geheim van redding van de mens door het kruis.

Genesis 3: 14–15 zegt:

Daarop zei de Here God tot de slang: "Omdat gij dit gedaan hebt, zijt gij vervloekt onder al het vee en onder al het gedierte des velds; op uw buik zult gij gaan en stof zult gij eten, zolang gij leeft. En Ik zal vijandschap zetten tussen u en de vrouw, en tussen uw zaad en haar zaad, dit zal u de kop vermorzelen en gij zult het de hiel vermorzelen."

Zoals reeds gezegd, verwijst, de "slang" geestelijk naar de vijandige duivel en "stof eten" symboliseert de vijandige duivel die over de mens heerst die van het stof der aarde gemaakt is. Zo ook wijst "vrouw" op "Israel" en "het sturen van een vrouw" wijst naar Jezus. De zin "Jij (de slang) zal hem de hiel vermorzelen" betekend dat Jezus gekruisigd wordt, en "hij" (het zaad van de vrouw) zal hem vermorzelen (de slang) op de kop betekend dat Jezus het kamp verbreekt van de vijandige duivel en Satan, door opstanding uit de dood.

Satan kon Gods plan niet waarmaken

God had deze voorziening van redding verborgen, zodat de vijandige duivel en Satan het niet konden weten en Zijn wijsheid pakken. De vijandige duivel en Satan probeerden de nakomelingen van de vrouw te doden voor ze worden vernietigd. Hij dacht dat hij voor altijd de autoriteit kon hebben dat overgedragen werd door Adam, die God ongehoorzaam geweest was. Niettemin, de vijandige duivel en Satan wisten niet wie de nakomelingen van de vrouw waren. Zodoende, probeerde hij de profeten te doden die geliefd waren door God sinds de tijd van het Oude Testament.

Toen Mozes geboren werd, hadden de vijandige duivel en Satan, de Pharao, de koning van Egypte, elke jongen, geboren van een Hebreeuwse vrouw, laten doden. (Exodus 1: 15–22).

Toen Jezus verwekt werd door de Heilige Geest en als mens naar de aarde kwam, hadden de vijandige duivel en Satan, Koning Herodes die hetzelfde deed.

Niettemin, kende God het plan al van de vijandige Satan. De engel van God verscheen in Jozefs droom en zei hem om naar Egypte te gaan met de baby en de moeder. God stond de familie toe om daar te leven tot Koning Herodes stierf.

Jezus' kruisiging toegestaan door God

Jezus groeide op onder Gods bescherming en begon met Zijn bediening toen Hij 30 jaar was. Hij ging door Galilea, leerde in de synagogen, genas op allerlei manieren ziekten en kwalen onder de mensen, wekte de doden op, en predikte het evangelie onder de armen (Mattheus 4: 23, 11: 5).

Intussen, schenen de vijandige duivel en Satan de hogepriesters, de leraars van de wet, en de farizeeërs weer te hebben om Jezus te doden. Niettemin, zoals je door de Bijbel weet, kon een slecht mens Jezus niet aanraken omdat al de gebeurtenissen tijdens Zijn leven gebeurden onder het toezicht van God.

God stond toe aan de vijandige duivel en Satan om Jezus, pas na drie jaar van Zijn bediening te kruisigen. Met als gevolg, droeg Jezus een kroon van doornen en stierf op het kruis onder het lijden van grote pijnen door vastgenageld te zijn in Zijn handen en voeten.

Kruisiging is de meest gruwelijke manier van executie. De vijandige duivel had groot plezier nadat hij Jezus kon laten sterven op deze gruwelijke wijze. Satan zong het uit van vreugde omdat hij dacht dat hij verder over de wereld zou regeren, omdat er niemand zou zijn die zijn heerschappij omver kon werpen. Maar, er was het verborgen geheim van devoorziening van God.

De vijandige duivel en Satan verbreken de geestelijke wet

God gebruikt Zijn absolute zuivere kracht niet tegen de wet omdat Hij rechtvaardig is. Hij maakte de weg naar verlossing gereed door de geestelijke wet voor het begin der tijden, omdat Hij alles laat zien door de geestelijke wet.

Omdat het loon van zonde de dood is volgens de geestelijke

wetten (Romeinen 6: 23), ziet niemand zijn dood in de ogen als hij geen zonden heeft. Echter, de vijandige duivel en Satan kruisigden Jezus, die onberispelijk en onbesmet was (1 Petrus 2: 22–23). Door dit te doen, brak de vijandige duivel de geestelijke wet en werd teleurgesteld door zijn eigen listen. Hij werd een instrument voor menselijke redding die gepland was door God. De nakomelingen van de vrouw verpletterden zijn kop zoals geprofeteerd in Genesis.

Over 't algemeen, kan een slang het nog steeds weerstaan als je op zijn staart trapt of in zijn lichaam snijd, maar het kan er niet tegen als je zijn kop vasthoud. Daarom, de uitspraak, "En ik zal vijandschap zetten tussen u en de vrouw, en tussen uw zaad en haar zaad; dit zal u de kop vermorzelen en gij zult het de hiel vermorzelen" betekend geestelijk dat de vijandige Satan zijn kracht verliest en autoriteit toebehorende aan Jezus Christus. De slang die de hiel van de nakomelingen van de vrouw beproeft betekent geestelijk dat Satan Jezus zal kruisigen, en dit kwam uit zoals voorzegt in Genesis 3: 15.

Redding door Jezus' kruisiging

De weg naar redding die verborgen was door God van voor het begin der tijden, werd vervuld toen Jezus opstond uit de dood op de derde dag na Zijn kruisiging.

Ongeveer, 6000 jaar geleden, moest Adam zijn gezag, gegeven door God, afstaan aan de vijandige duivel omdat hij de geestelijke wet verbrak, door zijn ongehoorzaamheid (Lucas 4:

6).

Maar, na 4000 jaar, moest Satan de weg van de vernietiging gaan door het verbreken van de geestelijke wetten.

Daarom, moest de vijandige duivel hen, die Jezus accepteerden als hun Redder en geloofden in Zijn naam, laten gaan, en ze kregen het recht om kinderen te worden van God. Zou de vijandige duivel Jezus gekruisigd hebben als hij deze wijsheid van God had gekend? Helemaal niet ! In 1 Korintiërs 2: 8 worden we eraan herinnert dat *"En geen van de beheersers dezer eeuw heeft van haar geweten, want indien zij van haar geweten hadden, zouden zij de Here der heerlijkheid niet gekruisigd hebben."*

Zij die dit niet begrijpen heden ten dage vragen zich af, "Waarom kon God de Almachtige zijn Zoon niet beschermen tegen de dood ? Waarom liet Hij Hem sterven aan het kruis?" Maar, als je de voorzienigheid van het kruis begrijpt, zou je weten waarom Jezus gekruisigd moest worden en hoe Hij de Koning der Koningen werd en de Heer der heren na Zijn overwinning over de vijand duivel. Dus, wie in Jezus gelooft als zijn verlosser die stierf aan het kruis en drie dagen later opstond uit de dood, om de mensen te verlossen van alle zonden, kan als rechtvaardig en gered gezien worden.

Waarom werd Jezus aan een houten kruis

gehangen?

Waarom moest Jezus eigenlijk aan een houten kruis hangen? Waarom een houten kruis? Onder de verschillende methoden van executie, stierf Jezus aan een houten kruis. Volgens Galaten 3: 13-14, zijn er drie geestelijke redenen waarom Jezus aan een houten kruis gehangen werd.

Ten eerste, om ons te verlossen van de vloek der wet

Galaten 3: 13 zegt, *"Christus heeft ons vrijgekocht van de vloek der wet door voor ons een vloek te worden; want er staat geschreven: Vervloekt is een ieder, die aan het hout hangt."* Het verklaart dat Jezus ons verloste van de vloek van de wet , door aan een houten kruis te zijn gehangen.

Iedereen was vervloekt en dus voorbestemd om de weg van de dood te gaan omwille van de eerste mens Adams zijn ongehoorzaamheid zoals geschreven staat in Romeinen 6: 23, "Want het loon, dat de zonde geeft, is de dood." Maar, God gaf Zijn Zoon Jezus voor de mensheid en liet toe dat Hij aan een houten kruis werd gehangen om hen te verlossen van de vloek van de wet (Deuteronomium 21: 23).

Vervolgens, vergoot Jezus Zijn dierbaar bloed aan het kruis.

Zie de verzen 11 en 14 van Leviticus 17:

Want de ziel van het vlees is in het bloed en Ik heb het u op het altaar gegeven om verzoening over uw zielen te doen, want het bloed bewerkt verzoening door middel van de ziel (v.11).

Want, wat de ziel van alle vlees betreft – het bloed ervan is zijn ziel. (v.14).

De auteur van Leviticus schrijft dat het leven het bloed is omdat elk schepsel bloed nodig heeft om te leven en zou zonder sterven. Desalniettemin, als iemand sterft, wordt zijn vlees weer stof, en zijn ziel gaat naar de hemel of de hel. Om eeuwig leven te ontvangen, moeten al je zonden vergeven zijn.

Om van je zonden vergeven te zijn, moet er het vergieten zijn van het bloed zoals geschreven staat in Hebreeën 9: 22, *"En nagenoeg alles wordt volgens de wet met bloed gereinigd, en zonder bloedstorting geschiedt er geen vergeving."* Voor deze reden, moesten mensen in de tijd van het Oude Testament bloed offeren van dieren wanneer ze gezondigd hadden. Toch vergoot Jezus Zijn kostbaar bloed voor eens en voor altijd ter vergeving van de mensen en voor het ontvangen van eeuwig leven omdat Hijzelf geen oorspronkelijke zonden had, noch zelf begane zonden.

Zo, kun je eeuwig leven ontvangen door Jezus' kostbaar bloed. Dat is, omdat Jezus stierf in uw plaats en de weg voor je opende om een kind van God te zijn.

Ten tweede, om de zegeningen van Abraham te geven

De eerste helf van Galaten 3: 14 zegt dat *"Zo is de zegen van Abraham tot de heidenen gekomen."* Dit betekent dat God de zegen gegeven aan Abraham niet alleen voor de Israëlieten maar ook voor alle heidenen geeft die rechtvaardig werden verklaard door Jezus te aanvaarden als hun Redder.

Abraham werd de "vader van het geloof" en "Gods vriend" genoemd, terwijl hij leefde in de zegeningen van kinderen, gezondheid, lang leven, voorspoed enz.. De reden waarom Abraham overvloedig werd gezegend staat geschreven in Genesis 22: 15-18:

> *Toen riep de Engel des Heren ten tweeden male van de hemel tot Abraham en zeide: Ik zweer bij Mijzelf, luidt het woord des Heren: omdat gij dit gedaan hebt, en uw zoon, uw enige, Mij niet onthouden hebt, zal Ik u rijkelijk zegenen, en uw nageslacht zeer talrijk maken, als de sterren des hemels en als het zand aan de oever der zee, en uw nageslacht zal de poort zijner vijanden in bezit nemen. En met uw nageslacht zullen alle volken der aarde gezegend worden, omdat gij naar mijn stem gehoord hebt.*

Abraham gehoorzaamde aan God wanneer Hij het vroeg *"Ga uit uw land en uit uw maagschap en uit uws vaders huis naar het land, dat Ik u wijzen zal"* (Genesis 12: 1).

Hij gehoorzaamde zonder enige verontschuldiging of klacht wanneer God zei, *"Neem toch uw zoon, uw enige, die gij liefhebt, Isaak, en ga naar het land Moria, en offer hem daar tot een brandoffer op een der bergen, die Ik u noemen zal"* (Genesis 22: 2). Dit was mogelijk voor Abraham omdat hij geloofde dat God de doden opwekte (Hebreeën 11: 19). Hij was in de mogelijkheid om een zegen te zijn en de vader van het geloof omdat hij een heel standvastig geloof had.

Daarom, zouden Gods kinderen die Jezus aanvaarden als hun Redder het geloof moeten hebben van Abraham. Dan is het mogelijk om glorie te geven aan God en alle zegeningen op aarde te ontvangen.

Ten derde, om de belofte van de Geest te geven

De tweede helft van Galaten 3: 14 zegt, *"Opdat wij de belofte des Geestes ontvangen zouden door het geloof."* Dit betekent dat iedereen die gelooft dat Jezus stierf aan het houten kruis voor de mensheid bevrijdt is van de vloek van de wet en de belofte ontvangt van de Heilige Geest. Bovendien, al wie Jezus aanvaardt als zijn Redder ontvangt de autoriteit om een kind van God te worden en de Heilige Geest als een gave en zekerheid (Johannes 1: 12; Romeinen 8: 16).

Wanneer u de Heilige Geest ontvangt, kan u God "Abba, Vader" noemen (Romeinen 8: 15), staat je naam geschreven in de hemel in het boek des levens (Lucas 10: 20), en heb je het burgerschap van de hemel (Filippenzen 3: 20). Dit is vanwege de Heilige Geest, welke het hart en de kracht van God is, die je leidt naar het eeuwige leven door je te helpen het Woord van God te begrijpen. En te leven overeenkomstig Zijn woord met geloof.

Niettemin, zal u gered zijn wanneer u niet alleen Jezus erkent als uw Redder maar als u ook gelooft dat Hij de autoriteit over de dood verbrak door de opstanding. Romeinen 10: 9 bevestigt dit: *"Want indien gij met uw mond belijdt, dat Jezus Heer is, en met uw hart gelooft, dat God Hem uit de doden heeft opgewekt, zult gij behouden worden."*

Voor het begin der tijden, maakte God het grote plan om hen die in Jezus zouden geloven, als de Redder, verenigd zouden worden met God en hen leiden tot redding. Het plan is heel wonderbaarlijk en mysterieus. Mensen moesten de weg van de dood volgen door de zonde van de eerste mens in overeenstemming met de wetten van het geestelijke koninkrijk, dat zegt dat "Het loon van zonde is de dood". Maar, zij kunnen vrijgezet worden van de vloek van de wet en gered worden in geloof door diezelfde wet door Satans overtreding van de wet in het geestelijke koninkrijk.

Mensen moesten pijn, zorgen, en de dood lijden, dat de vijand duivel bracht, toen zij slaven werden van hun zonden vanwege ongehoorzaamheid. Maar, wie Jezus aanvaardt als zijn Redder en de Heilige Geest ontvangt kan verlossing, eeuwig leven, opstanding, en overvloed aan zegeningen krijgen.

Het voorrecht en de zegen gegeven aan de kinderen van God

Al wie zijn hart opent en Jezus Christus aanvaardt is

vergeven, ontvangt het recht om een kind van God te worden, en krijgt vrede en vreugde in zijn hart. Dit is mogelijk omdat Jezus al onze zonden op Zich nam voor eens en voor altijd door Zijn kruisiging. Zo staat in Psalm 103: 12, *"Zover het oosten is van het westen, zover doet Hij onze overtredingen van ons."* Alsook, staat er in Hebreeën 10: 16–18 dat *"Dit is het verbond, waarmede Ik Mij aan hen verbinden zal na die dagen, zegt de Here: Ik zal Mijn wetten in hun harten leggen, en die ook in hun verstand schrijven, en hun zonden en ongerechtigheden zal Ik niet meer gedenken. Waar dan voor deze dingen vergeving bestaat, is er geen zondoffer meer (nodig)."*

Er is niets in de wereld dat je kan vergelijken met het recht van kinderen van God gegeven door geloof. In deze wereld, is het recht van een kind van een koning of president zeer krachtig. Hoe groot dan, is het recht van kinderen van God de Schepper die over de wereld regeert en de menselijke geschiedenis en het heelal bestuurt?

God ziet het niet als echt geloof wanneer u zegt, "Jezus is de Redder." U moet begrijpen wie Jezus is, waarom Hij uw enige Redder is, en echt geloof hebben aan de hand van die kennis. Met dat echt geloof, kan u dan de voorzienigheid van God realizeren, welke verborgen is in het kruis en belijden, "De Heer is de Christus en de Zoon van de levende God." Verder, kan u leven naar de wil van God. Zonder dit echte geloof, is het zeer moeilijk voor u om dit geloof te hebben vanuit uw hart om te leven naar het woord van God. Daarom, zoals Jezus ons vertelde in Matteüs 7: 21, *"Niet een ieder, die tot Mij zegt: Here, Here, zal het Koninkrijk der hemelen binnengaan, maar wie doet de wil mijns Vaders, die in de hemelen is."* Jezus verklaarde uitdrukkelijk dat enkel deze mensen die Jezus "Here, Here" noemen en leven volgens Zijn wil en woord, gered zouden worden.'

Geen andere naam in de wereld, dan "Jezus Christus"

Handelingen 4 schildert een beeld waarin Petrus en Johannes moedig getuigen over de naam van Jezus Christus voor de Sanhedrin. Zij geloofden oprecht dat er geen andere naam bestond naast die van "Jezus Christus" waardoor een mens redding kon ontvangen, en Petrus, die vervuld was met de Heilige Geest, was in staat om te zeggen dat *"En de behoudenis is in niemand anders, want er is ook onder de hemel geen andere naam aan de mensen gegeven, waardoor wij moeten behouden worden"* (Handelingen 4: 12).

Welke geestelijke gevolgtrekking is er in de naam "Jezus Christus"? En waarom heeft God ons geen andere naam gegeven dan enkel Jezus Christus door wie we redding moeten ontvangen?

Het verschil tussen "Jezus" en "Jezus Christus"

Handelingen 16: 31 zegt ons *"Stel uw vertrouwen op de Here Jezus en gij zult behouden worden, gij en uw huis."* Er is een belangrijke reden waarom er staat "de Here Jezus," en niet simpel "Jezus."

Hier, verwijst "Jezus" naar een mens die Zijn volk redt van hun zonden. "Christus" is een Grieks woord dat betekend "Messias" in het Hebreeuws. Het was "degene die gezalft was" (Handelingen 4: 27) en het verwijst naar de Redder die de bemiddelaar is tussen God en de mens. Dat wil zeggen, "Jezus" is de naam van de toekomstige Redder, maar Christus is de naam van de Redder die mensen al gered heeft.

Tijdens de dagen van het Oude Testament, zalfde God de persoon die koning zou zijn, of een priester of een profeet door olie uit te gieten over het hoofd van de toekomstige gezalfde. (Leviticus 4: 3; 1 Samuel 10: 1; 1 Koningen 19: 16).

De olie is het symbool voor de Heilige Geest. Daarom, betekent iemand zalven, het geven van de Heilige Geest aan een door God uitgekozen persoon. Jezus was gezalfd als de Koning, de Hogepriester, en de Profeet, en Hij kwam naar deze wereld in het vlees om alle mensen te redden naar de voorzienigheid van God dat was voorbestemd van het begin der tijden. Hij werd gekruisigd om ons vrij te kopen, en werd onze Redder door de opstanding op de derde dag. In overeenstemming is Hij de Redder, die Gods voorzienigheid der redding volbracht. Dat wil zeggen, Hij is de Christus.

Van Jezus voor de kruisiging, verwijzen we naar Hem, slechts als Jezus. Maar, na de kruisiging en de opstanding, moet Hij aangesproken worden als "Jezus Christus", "de Heer Jezus," of "de Heer".

U moet weten dat er een groot verschil is in kracht tussen

"Jezus" en "Jezus Christus." Als Jezus werd Hij genoemd voor Hij de redding van de voorzienigheid volbracht en de vijand duivel is niet zo bang van deze naam. De naam "Jezus Christus" daarentegen, houdt de volgende drie zaken in: het bloed dat ons bevrijdt van onze zonden; de opstanding dat de autoriteit verbreekt van de dood; en het eeuwige leven. Voor deze naam, beeft de vijand duivel van angst. Vele mensen negeren dit feit, omdat ze het verschil niet begrijpen. Niettemin, is het waar dat Gods werk en antwoord verschillend zijn al naargelang de naam die u aanroept (Handelingen 3: 6). Wanneer u bidt tot God in de naam van onze Heer Jezus Christus en hieraan denkt, leidt u een overwinnend leven gevuld met snelle en overvloedige antwoorden van uw God, de Almachtige.

Jezus zijn volmaakte gehoorzaamheid

Omdat Jezus van nature God was, beschouwde Hij Zichzelf niet gelijk met God, iets wat je grijpen kan, noch liet Hij Zijn rechten klinken als God. Hij maakte Zichzelf tot niets; Hij nam de nederige houding van een slaaf aan en verscheen in de vorm van een mens. Een goede dienaar heeft geen eigen wil. Hij werkt volgens de wil van zijn meester in plaats van zichzelf. Het is de taak van een dienaar om te gehoorzamen aan de wil van de meester of het nu wel of niet in overstemming is met zijn eigen wil of gevoelens. Jezus gehoorzaamde aan Gods wil met een hart van een goede dienaar, en kon dus Zijn opdracht om de mensheid te redden volbrengen.

God verheerlijkte Jezus, die de wil van God gehoorzaamde, zeggende, "Ja" en "Amen", aan de hoogste plaats en laat vele mensen toegeven dat Hij de Heer is.

Daarom heeft God Hem ook uitermate verhoogd en Hem de naam boven alle naam geschonken, opdat in de naam van Jezus zich alle knie zou buigen van hen, die in de hemel en die op de aarde en die onder de aarde zijn, en alle tong zou belijden. Jezus Christus is Here, tot eer van God, de Vader! (Filippenzen 2: 9–11)

De naam "Heer Jezus" getuigt van Gods kracht

Er staat in Johannes 1: 3, *"Alle dingen zijn door het Woord geworden en zonder dit is geen ding geworden, dat geworden is."* Doordat alle dingen in de wereld gemaakt werden door Jezus, heeft Hij de autoriteit om erover te regeren als de Schepper. Toen Jezus de Zoon van God, de Schepper, levenloze dingen zoals een stormwind en golven beval, gehoorzaamden ze Hem en werden kalm, en de vijgeboom verwelkte onmiddellijk toen Hij hem vervloekte.

Jezus had de bevoegdheid om zonden te vergeven en om zondaren te redden van de straf voor hun zonden. Dus, Jezus zei tot een verlamde in Mattheus 9: 2, *"Houd moed, mijn kind, uw zonden worden vergeven"* en zei in vers 6, *"Maar, opdat gij weten moogt, dat de Zoon des mensen macht heeft op aarde zonden te vergeven – toen zeide Hij tot de verlamde: Sta op, neem uw bed op en ga naar uw huis."*

Bovendien, had Jezus de macht om alle soorten van ziektes en handicaps te genezen, en wekte de doden op. Johannes 11 beschrijft een beeld waarin de dode man, Lazarus, uit het graf kwam met zijn handen en voeten in doeken gewikkeld toen Jezus met een luide stem riep, "Lazarus, kom eruit". Hij was dood gedurende vier dagen en er was een slechte geur, maar hij liep uit het graf als een gezonde man.

Op gelijke wijze, geeft Jezus je wat je ook vraagt door geloof, omdat Hij de wonderbaarlijke kracht van God heeft.

Jezus Christus, de liefde van God

Zoals gezegd in 1 Johannes 4: 10, *"Hierin is de liefde, niet dat wij God liefgehad hebben, maar dat Hij ons heeft liefgehad en zijn Zoon gezonden heeft als een verzoening voor onze zonden,"* toonde God ons Zijn wonderbare liefde.

Hij zond Zijn enige Zoon als een verzoen offer toen we nog zondaars waren. God moest grote pijn doorstaan en opende de weg voor menselijke redding toen Zijn Zoon Jezus aan het kruis genageld werd en het bloed vergoot. Hoe zou de God van liefde Zich gevoeld hebben als Hij Zijn enige geboren Zoon gekruisigd zag? God kon het op Zijn troon niet aanzien. Mattheus 27: 51–54 vertelt ons hoeveel God leed toen Jezus gekruisigd werd.

En zie, het voorhangsel van de tempel scheurde van boven tot beneden in tweeën, en de aarde beefde, en de rotsen scheurden, en de graven gingen open en vele lichamen der ontslapen heiligen werden opgewekt. En zij gingen uit de graven na zijn opstanding en kwamen in de heilige stad, waar zij aan velen verschenen. De hoofdman en zij, die met hem Jezus bewaakten, zagen de aardbeving en wat er plaats had en zij werder zeer bevreesd en zeiden: Waarlijk, dit was een Zoon Gods.

Dit toont duidelijk dat Jezus gekruisigd werd niet om Zijn zonden maar door de grote liefde van God om alle mensen naar de weg van de redding te leiden. Niettemin, zijn er zoveel mensen die deze grote liefde van God niet aanvaarden of begrijpen.

Na Adams ongehoorzaamheid, konden mensen niet bij God zijn maar werden mensen van de zondige natuur. Maar, Jezus kwam naar de aarde en werd de bemiddelaar tussen God en ons zodat Hij de zegeningen van Immanuël aan alle mensen kon geven (Matteüs 1: 23). Door Jezus' pijn en lijden aan het kruis, krijgen we waarlijke vrede en rust.

Daarom, hoop ik dat u de grote liefde van God begrijpt die ons Zijn enige Zoon gaf als losgeld om ons te bevrijden van zonden en eeuwige dood, en de opofferende liefde van de Heer, die Zelf zonder zonde was, gekruisigd werd voor ons en de weg opende naar redding.

Hoofdstuk 6

DE DE VOORZIENIGHEID VAN HET KRUIS

- Geboren in een stal en liggende in een kribbe
- Jezus Zijn leven in armoede
- Gegeseld en Zijn bloed vergoten
- Dragende een doornen kroon
- Jezus' mantel en tunica
- Genageld door Zijn handen en voeten
- Jezus' beenderen niet gebroken, maar Zijn zijde doorstoken

Nochtans, onze ziekten heeft hij op zich genomen, en onze smarten gedragen; wij echter hielden hem voor een plaagde, een door God geslagene en verdrukte. Maar om onze overtredingen werd hij doorboord, om onze ongerechtigheden verbrijzeld; de straf die ons de vrede aanbrengt, was op hem, en door zijn striemen is ons genezing geworden. Wij allen dwaalden als schapen, wij wendden ons ieder naar zijn eigen weg, maar de HERE heeft ons aller ongerechtigheid op hem doen neerkomen.

Jesaja 53: 4-6

In Gods plan om echte kinderen te hebben, is het meest belangrijke gedeelte dat Jezus kwam in het vlees naar deze wereld, en getroffen werd met allerhande lijden, en stierf aan het kruis. Door dit alles, verwezenlijkte Hij de weg voor de redding van het menselijk ras. Gods voorziening aan het kruis had een diepe geestelijke betekenis. Jezus de enige en waarachtige Zoon van God, verliet de hemelse Glorie, en werd geboren in een stal, en leefde heel Zijn leven in armoede.

Uiteindelijk werd Hij gegeseld en genageld aan handen en voeten, gekroond met een doornenkroon en Zijn bloed en water vloeiden uit zijn lichaam en zijde. Hij werd doorboord met een speer. Elk lijden wat Jezus ervaarde laat de ontzagwekkende liefde van God zien.

Wanneer je de gehele geestelijke bedoeling van het kruis begrijpt en Jezus' "lijden" dan zal je hart zeker bewogen worden door de liefde van God en zal je echt geloof hebben. Zo kan je ook antwoorden krijgen op al jou moeilijkheden in je leven zoals armoede en ziekten, als ook van het eeuwige Koninkrijk van de Hemel.

Geboren in een stal en liggende in een kribbe

Jezus, van nature Godzijnde, en de meester van alle dingen in de hemel en op aarde en het meest glorieuze wezen. Ondanks dat, kwam Hij in het vlees naar deze wereld om de mensen te verlossen van hun zonde en hun te leiden in hun redding. Jezus is de enige Zoon van God, de almachtige Schepper. Waarom is Hij niet geboren in een luxe paleis of op zijn minst in een prachtige kamer? Kon God hem niet geboren laten worden op een geweldige plaats? Waarom liet Hij Jezus geboren worden in een stal en liggend in een kribbe?

Daar is een diepere geestelijke betekenis voor. Je moet weten dat Jezus geestelijk geboren werd op de meest glorieuze manier. Zelfs al konden mensen dat niet zien met hun natuurlijke ogen, God was zo verheugd met de geboorte van Jezus, dat Hij de baby omringde met allerlei licht en Glorie, en een grote tegenwoordigheid van engelen, een hemelse legermacht.

Je kan Zijn opgewondenheid voelen in Lucas 2: 14 welke het volgende weergeeft *"Glorie aan God in de Hoge en vrede op aarde aan alle mensen"*. God had ook goede herders en wijzen uit het Oosten laten komen, en liet hen baby Jezus aanbidden.

Al de lofprijs en aanbidding was daar omdat Jezus de deur voor verlossing en redding zou openen door naar deze wereld te komen, zodat een grote menigte van mensen de eeuwige hemel zullen binnengaan als kinderen van God. En Jezus, de Zoon van God, zou de Koning der koningen zijn en Heer der heren.

Gods voorzienigheid verborgen in de geboorte van Jezus

Toen Jezus werd geboren, liet Keizer Augustus een bevel uitgaan om het hele Romeinse rijk te tellen. De joodse mensen waren onder koloniaal heerschappij van Rome en moesten naar hun geboortestad om zich te laten registeren, onder het bevel van de Keizer.

Jozef ging met zijn verloofde, Maria van de stad Nazareth in Galilea, naar Bethelehem, de stad van David, omdat hij behoorde tot het geslacht van David. Maria was ondertrouwd met Jozef en was in verwachting van een kind door de Heilige Geest alvorens zij daar heen gingen, en zij gaf geboorte aan haar eerstgeborene, Jezus terwijl zij nog daar verbleven.

De naam "Bethlehem" betekent "Broodhuis," en het was de thuisstad van Koning David (1 Samuel 16: 1). Micha 5: 1 schrijft over de stad Bethlehem het volgende *"En gij, Betlehem Efrata, al zijt gij klein onder de geslachten van Juda, uit u zal Mij voortkomen die een heerser zal zijn over Israël en wiens oorsprong is van ouds, van de dagen der eeuwigheid."* Bethlehem was geprofeteerd als de geboorteplaats van de Messias.

Er geen plaats voor Maria en Jozef, in welke herberg dan ook, omdat duizenden mensen in Bethlehem waren om zich te laten registeren. Daar gaf Maria geboorte aan haar kind in een stal. Zij wikkelde Hem in doeken en legde Hem in een kribbe, een voederbak die gebruikt voor koeien en paarden.

Waarom dan, werd Jezus, die kwam als een Redder van mensen geboren op zo'n vernederende manier?

Om mensen, die op dieren lijken te verlossen

In Prediker 3: 18 staat, *"Ik zeide bij mijzelf: Wat de mensenkinderen betreft, God wil hen schiften en laten zien, dat zij eigenlijk dieren zijn."* Mensen hebben het gelijkenis van God verloren, en zijn als beesten geworden in de ogen van God. De eerste mens Adam was oorspronkelijk een levend schepsel, geschapen naar het beeld van God. Hij was ook een mens van de geest omdat God hem enkel het woord van waarheid onderwees.

Hoe dan ook, Adam at van de vrucht van de boom van kennis van goed en kwaad en dat was tegen het bevel van God, zo stierf zijn geest en kon hij niet meer communiceren met God. In feite, was hij niet langer meer heer over de schepping. Satan spoorde Adam aan om de zondevolle natuur te volgen, en zijn puur en rein hart veranderde in een onrein en een onwaarachtig hart.

In je dagelijkse leven, kan je de uitdrukking gehoord hebben "Hij is niet beter dan een dier". Hoe vaak hoor je niet door de media dat mensen net beesten zijn, zij misleiden elkander, zij behandelen hun buren slecht, hun klanten, hun vrienden, zelfs hun familie. Ouders en kinderen haten en zien soms reden om elkander te doden.

Mensen durven zo'n kwaad te doen omdat hun ziel de meester is geworden van mensen, sinds de dood van de geest, en ze hebben de gelijkenis met God verloren vanwege de zonde. Als beesten die alleen maar een ziel en lichaam hebben, zo zijn zij, zulke mensen kunnen de Hemel niet binnengaan en ook niet roepen Abba Vader. Jezus werd geboren in een stal om mensen te verlossen die niet beter zijn dan beesten.

Jezus is echt geestelijk voedsel

Jezus werd in een kribbe gelegd, een eetbak voor paarden, om echt geestelijk voedsel te zijn voor de mensen die niet beter zijn dan dieren (Johannes 6: 51).

Met andere woorden, was het Goddelijke Voorzienigheid om de mens naar volledige redding te leiden, door hem in staat te stellen om het verloren beeld van God terug te vinden, om de heilige plicht van de mens uit te voeren. Wat, is dan de heilige plicht van de mens? Prediker 12: 13-14 geeft ons inzichten:

> *Van al het gehoorde is het slotwoord: Vrees God en onderhoud Zijn geboden, want dit geldt voor alle mensen. Want God zal elke daad doen komen in het gericht over al het verborgene, hetzij goed, hetzij kwaad.*

Wat wordt bedoeld met "God vrezen"? Spreuken 8: 13 zegt ons dat *"De vreze des Heren is het kwade te haten"*. Daarom, is God vrezen het niet aanvaarden van kwaad en tegelijkertijd alle soorten kwaad van binnenuit je hart weg te gooien.

Als je God echt vreest, doe je je best om elke vorm van slechtheid te vermijden, en te vechten tegen zonde en het af te schudden tot op het punt van bloed vergieten. Zoals studenten die hard studeren voor een betere toekomst, zou je je best moeten doen om God te vrezen, en als mens je plicht doen om van Gods liefde en zegeningen te genieten.

In de Bijbel, kunt je Gods geboden vinden die aan Zijn kinderen zijn gegeven zoals "doe dit; doe dat niet, hou dit, doe dat weg." Aan de ene kant, vertelt God ons wat kinderen van God zouden moeten doen zoals "bidt, heb lief, wees dankbaar en zoveel meer." Aan de andere kant, beveelt God ons niet die dingen te doen die leiden tot aan de dood, zoals haat, overspel, en drankzucht.

Hij zegt ons ook om de geboden te gehoorzamen, zoals "Houd de Sabbat dag heilig," "Hou je beloften," enz. God spoort ons ook aan om wat nadelig is te verwerpen, zeggende, "Vermijd elke vorm van kwaad," "Ontdoe je van je hebzucht," enzovoort.

Het is de volledige plicht van de mens om God te vrezen en Zijn geboden te bewaren. God houdt ons verantwoordelijk voor elk van onze daden op de dag des Oordeels, elk geheim of het nu goed of slecht is. Zodus, als je leeft als een beest zonder zorg te dragen voor de plicht van de mens, is het logisch voor je om in de hel te komen als resultaat van Gods oordeel.

Eveneens, werd Jezus geboren in een stal en werd Hij neergelegd in een kribbe om de mensen te verlossen die niet beter zijn dan dieren en om waarlijk geestelijk voedsel voor hen te zijn.

Jezus Zijn leven in armoede

Johannes 3: 35 zegt, *"De Vader heeft de Zoon lief en heeft Hem alles in handen gegeven."* Je leest in Kolossenzen 1: 16, *"Iin Hem zijn alle dingen geschapen, die in de hemelen en die op de aarde zijn, de zichtbare en de onzichtbare, hetzij tronen, hetzij heerschappijen, hetzij overheden, hetzij machten; alle dingen zijn door Hem en tot Hem geschapen."* Met andere woorden, Jezus is de enige Zoon van God, de Almachtige, en de Heer van alle dingen in de hemel en op aarde.

Waarom, dan, kwam Hij in deze wereld in een zeer bescheiden en onderdanige staat om in armoede te leven terwijl Hij van nature God, de Almachtige was en in elke mate rijk was?

De mens verlossen van armoede

2 Korintiërs 8: 9 zegt, *"Gij kent immers de genade van onze Heer Jezus (Christus), dat Hij om uwentwil arm is geworden, terwijl Hij rijk was, opdat gij door Zijn armoede rijk zoudt worden."* De Voorzienigheid van de enorme liefde van God ligt hierin. Jezus, zelfs al was Hij de Koning der koningen, de Heer der heren, en de enige Zoon van God, de Schepper, verzaakte al de hemelse glorie, kwam naar deze wereld, en leefde in armoede gedurende de verachting en slechte behandeling van mensen om deze mensen te verlossen van armoede.

In het begin, schiep God de mens om vruchten te nemen en te eten zonder te zweten en om een vreugdevol en voorspoedig leven te hebben zonder zware inspanningen. Niettemin, nadat de eerste mens Adam ongehoorzaam geweest was aan het Woord van God en verdorven werd, kon de mens zijn voedsel eten enkel door zware inspanning, door het zweet van zijn voorhoofd. Hierdoor, leven mensen vaak in gebrek en armoede.

Armoede is op zichzelf geen zonde, dus vergoot Jezus Zijn bloed niet om ons te redden van de armoede. Maar, armoede is een vloek die zich uitte na de ongehoorzaamheid van Adam aan God, zo maakte Jezus je rijk door te leven in armoede. Sommige zeggen dat Jezus Zijn levenslange armoede, geestelijke armoede betekent. Maar, omdat Jezus verwekt werd door de Heilige Geest en één is met God de Vader, is het niet juist te denken dat Hij geestelijk arm was.

U moet zich het feit herinneren dat Jezus leefde in armoede om u te verlossen van armoede, zodat u een overvloedig leven kunt leiden met dankzegging voor de liefde en genade van God. Sommige zeggen dat het verkeerd is om geld te zoeken in gebed. Anderen vinden dat wanneer je een Christen bent, je in armoede moet leven. Maar, dat is absoluut niet Gods wil. In de Bijbel, kunt u veel woorden lezen over zegeningen. Bijvoorbeeld, lees je in Deuteronomium 28: 2–6 dat:

De volgende zegeningen zullen alle over u komen en uw deel worden, indien gij luistert naar de stem van de Here, uw God: Gezegend zult gij zijn in de stad en gezegend op het veld. Gezegend zal zijn de vrucht van uw schoot, de vrucht van uw bodem en de vrucht van uw vee: de worp van uw runderen en de dracht van uw kleinvee. Gezegend zullen zijn uw mand en uw baktrog. Gezegend zult gij zijn bij uw ingang en gezegend zult gij zijn bij uw uitgang.

3 Johannes 1: 2 spoort ons aan, *"Geliefde, ik bid, dat het u in alles wel ga en gij gezond zijt, gelijk het uw ziel wel gaat."* Tenslotte, mannen door God verkozen zoals Abraham, Isaak,

Jakob, Jozef, en Daniël leidden allen een voorspoedig leven.

Een rijk leven leiden

In zijn rechtvaardigheid, laat God je oogsten wat je zaaide. Zoals ouders enkel de goede dingen willen geven aan hun kinderen, wil je geliefde God je al datgenen geven wat je vraagt in geloof (Marcus 11: 24).

God wil je antwoorden en zegeningen geven, maar je kan niets ontvangen als je het niet vraagt of als je het vraagt zonder inzicht. Dus, als je iets wil oogsten, zonder eerst te zaaien, dan spot je met God en gaat je in tegen de geestelijke wetten.

Sommigen kunnen zeggen, "Ik wil zaaien, maar ik kan het niet want ik ben zo arm." Niettemin, in de Bijbel, vindt je vele mensen die erg arm waren maar die hun best deden om te zaaien en die rijkelijk gezegend werden als beloning.

In 1 Koningen 17, vinden we dat er een hongersnood van 3 en een half jaar was in het land. Terwijl er hongersnood was, maakte een weduwe in Zarephath, in Sidon, een klein brood voor de profeet Elija met een handvol meel in een pot en een beetje olie in een kruik, dat was alles wat ze had. God was zo tevreden met haar bediening van Zijn dienaar dat Hij haar overvloedig zegende: de pot met meel werd niet op gebruikt en de kruik met olie droogde niet op tot op de dag dat God regen in het land zou geven. (1 Koningen 17: 14).

Tijdens een gelegenheid in Jezus' leven, deed een arme weduwe twee kleine munten, die de waarde hadden van een deel van een penny, in de schatkist van de tempel. Hoe dan ook, Jezus bevool haar, zeggende dat de weduwe meer had gegeven dan al die anderen. Dit kwam omdat ze gaf vanuit haar armoede en alles gaf – alles wat ze had gaf ze, terwijl de anderen een deel van hun bezittingen gaven (Marcus 12: 42-44) Het belangrijkste is dat je je gedachten erop richt om alles aan God te geven. Hij kijkt niet naar de hoeveelheid van je offer maar ruikt het welruikende aroma van liefde en geloof gevat in het offer en zal je overvloedig zegenen.

Gegeseld en Zijn bloed vergoten

Voor de kruisiging, bespotten en verachtten Romeinse soldaten Jezus door Hem in het gezicht te slaan, op Hem te spugen enzovoort. Ze ranselden Jezus ook af met een zweep, een lang lederen riem met loden haken eraan.

In deze dagen, waren Romeinse soldaten heel robuust, goed gedisciplineerd, en de sterkste strijdkrachten van de wereld. Hoe erg moet de pijn geweest zijn? Toen ze zijn kleren van Zijn lichaam trokken en Hem sloegen met een zweep? Zijn vlees werd kapot gescheurd, de beenderen werden gezien en Zijn bloed gutste eruit.

Om de profetie van Jesaja te vervullen *"Mijn rug heb ik gegeven aan wie sloegen, en mijn wangen aan wie mij de baard uittrokken; mijn gelaat heb ik niet verborgen voor smadelijk speeksel"* (Jesaja 50: 6), Jezus deed geen poging om de geseling te vermijden.

Om ziekten te genezen

Waarom, dan werd Jezus geslagen en gegeseld en waarom gaf Hij Zijn bloed? Waarom stond God toe, dat het gebeurde met Zijn Zoon? Jesaja 53 verklaart ons het doel van Jezus' lijden en strijd.

Maar om onze overtredingen werd hij doorboord, om onze ongerechtigheden verbrijzeld; de straf die ons de vrede aanbrengt, was op hem, en door zijn striemen is ons genezing geworden. Wij allen dwaalden als schapen, wij wendden ons ieder naar zijn eigen weg, maar de HERE heeft ons aller ongerechtigheid op hem doen neerkomen. (Jesaja 53: 5-6)

Jezus werd doorboord en verbrijzeld voor onze overtredingen en ongerechtigheden. Hij werd gestraft, gegeseld en bloedde, omdat je vrede te geven en je te bevrijden van alle onheil.

In Matteüs 9, toen Jezus de verlamde genas die daar lag, rekende Hij eerst af met het probleem van de zonde, door te zeggen, "Je zonden zijn je vergeven". Pas toen zei Jezus tot hem "neem je bed op en ga neer huis".

In Johannes 5 nadat Jezus degenen genezen had die invalide geweest was voor 38 jaar, zei Hij tot hem *"Zie gij zijt gezond geworden: zondig niet meer omdat u niets iets ergers overkomt."* (Johannes 5: 14)

De bijbel vertelt ons dat ziektes op je komen vanwege de zonde. Dus je hebt iemand nodig die je zonde probleem kan oplossen, om vrij te zijn van ziekten. Zonder bloedvloeiing kan er geen vergeving zijn. (Leviticus 17: 11). Dat is waarom in het Oude-Testament, als iemand zonde beleed, de priesters een dier slachten als een verzoenoffer. Hoe dan ook, je hoeft niet langer dieren te gaan slachten als je offer, omdat Jezus in het vlees naar deze wereld kwam en Hij Zijn onberispelijke, vlekkeloze en krachtige bloed vergoot. Het heilige bloed van Jezus verloste en betaalde voor elke zonde van de mensen nu, in het verleden en zelfs in de toekomst.

Hij nam onze ziekten en zwakheden op Zich

Matteüs 8: 17 zegt, *"Opdat vervuld zou worden, hetgeen gesproken werd door de profeet Jesaja, toen hij zeide: 'Hij heeft onze zwakheden op Zich genomen en onze ziekten heeft Hij gedragen'"* Dus als je weet waarom Jezus is gegeseld en Zijn bloed uitstortte,en erin gelooft, dan hoef je niet meer te lijden in ziekten en zwakheden.

1 Petrus 2: 24 zegt, *"Die zelf onze zonden in zijn lichaam op het hout gebracht heeft, opdat wij, aan de zonden afgestorven, voor de gerechtigheid zouden leven; en door zijn striemen zijt gij genezen."* De perfecte tegenwoordige tijd is gebruikt in dit vers, omdat Jezus ons alreeds verlost heeft van alle zonde van de mens.

Ondanks dat we claimen en geloven het feit dat Jezus onze ongerechtigheden en ziekte op zich genomen heeft door geseling en Zijn bloedstorting, waarom hebben sommige van ons dan nog steeds ziekte?

God zegt in Exodus 15: 26, *"Terwijl hij zeide: Indien gij*

aandachtig luistert naar de stem van de HERE, uw God, en
doet wat recht is in zijn ogen, en uw oor neigt tot zijn geboden
en al zijn inzettingen onderhoudt, zal Ik u geen enkele van de
kwalen opleggen, die Ik de Egyptenaren opgelegd heb; want
Ik, de HERE, ben uw Heelmeester." Dit betekend dat wanneer
je doet wat recht is in Gods ogen, geen ziekte je zal treffen,
omdat God met Zijn ogen als een vlammend vuur je ervoor zal
beschermen.

Laat ons een voorbeeld nemen. Wanneer een kind huilend
thuiskomt nadat het door het kind van de buren is geslagen dan
zullen de ouders altijd reageren met een houding en die kan heel
verschillend zijn, afhankelijk van wat hun geloven.

De ene zal het kind dit leren "Waarom wordt je altijd
geslagen? Als je een keer geslagen wordt, kun je hem maar beter
twee of drie keer terugslaan." Een andere ouder kan de ouder van
het kind wat geslagen heeft opzoeken en gaan klagen tegen hen.
En weer andere ouders doen geen van beide, en kunnen dan zeer
verontwaardigd en met veel ergenis rondlopen in hun hart.

Hoe dan ook, God verteld ons om kwaad met goed te
overwinnen, en zelfs je vijanden lief te hebben, en vrede te
zoeken met alle mensen, Hij zegt *"Maar Ik zeg u, de boze niet*
te weerstaan, doch wie u een slag geeft op de rechterwang,
keer hem ook de andere toe." (Matteüs 5: 39).

Daarom als je doet wat goed is in Zijn ogen, is het niet
moeilijk om Gods geboden en verordeningen te onderhouden.
Als je blijft bidden en je best doet, zal Gods genade en kracht
over je komen en kan je alles gemakkelijk doen met hulp van de
Heilige Geest.

Als je zonde verwerpt en doet wat recht is in de ogen van God, kan ziekte niet op je komen. Zelfs als ziekten op je komen, vergeeft, God de Geneesheer je zonden en geneest je helemaal als je probeert te ontdekken wat er verkeerd is in Gods ogen en je ervan bekeerd met je hele hart.

Zelfs als je belijd met je lippen dat God almachtig is, als je echt van de wereld afhangt en naar het ziekenhuis gaat als je een probleem of ziekte hebt, is God daar niet mee ingenomen omdat dit bewijst dat je de Almachtige God niet echt gelooft. (2 Kronieken 16).

Dragende een doornen kroon

Een kroon is eigelijk voor een koning samen met zijn koningsmantel. Ondanks dat Jezus de ene en enige Zoon van God is, de Koning der koningen en de Heer der heerscharen, droeg Hij een kroon gemaakt van zeer lange doornen in plaats van een mooi kroon, gemaakt van goud, zilver en juwelen.

Toen namen de soldaten van de stadhouder Jezus mede naar het gerechtsgebouw en riepen de gehele afdeling bij Hem samen. En zij trokken Hem zijn kleden uit en deden Hem een scharlaken mantel om; ook vlochten zij van doornen een kroon en zetten die op zijn hoofd en gaven Hem een riet in zijn rechterhand. Toen vielen zij voor Hem op de knieën en spotten, zeggende: "Wees gegroet, gij Koning der Joden!" En zij

spuwden naar Hem en namen het riet en sloegen Hem
ermede op het hoofd. (Matteüs 27: 27-30)

Romeinse soldaten maakten een doornenkroon welke te
klein was voor Jezus, en drukte die krachtig op zijn hoofd, zodat
de doornen in Zijn voorhoofd drongen en bloed over Zijn
aangezicht liep. Waarom stond de Almachtige God toe, dat Zijn
enig geboren Zoon, een doornenkroon droeg, pijn leed vanwege
de straf en Zijn bloed liet vloeien?

Ten eerste, droeg Jezus de doornenkroon om ons te verlossen
van de zonde die wij doen in onze gedachten.

Toen de mens geschapen door God, communiceerde met
Hem en gehoorzaamde aan Zijn woord, deed hij geen zonde
omdat hij altijd dacht in overeenstemming met Gods wil en hij
gehoorzaamde Hem.

Hoe dan ook, eens werd hij verleid door de slang en ontving
zo de gedachte door satan gegeven, en al snel zondigde hij. Hij
had er nooit van te voren aan gedacht om de vrucht van de
boom van kennis van goed en kwaad te eten, maar na verleidt te
zijn echter, at hij ervan omdat het er goed en begeerlijk uitzag en
ook verlangde hij naar wijsheid. Op dezelfde manier waarop
satan de eerste mens, adam en Eva leidde om God
ongehoorzaam te zijn, werkt nu om jou zonde te laten doen in je
gedachten.

In het menselijke verstand, zijn er cellen die verantwoordelijk
zijn voor je geheugen. Sinds je geboorte, is datgene wat je gezien,

geleerd en gehoord hebt in je herinnering of je geheugencellen samen met je gevoelens voor specifieke momenten, individueel en informatief. En dat noemen we "kennis". Wat we gedachten noemen, is een proces van een reproductie van opgeslagen kennis door het werk van de ziel.

Mensen zijn opgegroeid in een verschillende omgeving. Wat ze hebben gezien, gehoord en geleerd is verschillend van al het andere en wat in hun denken is, is ook verschillend. Mensen zijn opgegroeid in verschillende omgevingen, zelfs als zij hetzelfde gezien, gehoord en geleerd hebben, heeft ieder afzonderlijk zijn eigen gevoelens op die tijd, en het is onvermijdelijk dat mensen verschillende waarde hebben.

Het woord van God is vaak niet overeenkomstig onze eigen kennis en theorie. Bijvoorbeeld, kunt je denken dat als je wilt worden verhoogd, je alle mogelijke maatregelen zou moeten treffen om van anderen te winnen. Nochtans, onderwijst God je dat iedereen die zichzelf vernederd zal verhoogd worden (Matteüs 23:12).

De meeste mensen denken dat het normaal is om hun vijand te haten, maar God verteld je "heb je vijanden lief" en "als je vijand hongerig is, geef hem dan te eten, en als hij dorstig is, geef hem dan te drinken".

Gods gedachte zijn geestelijk, maar mensen hun gedachten zijn vleselijk.

Satan geeft je vleselijke gedachten en verleid je zo om God te mijden, verstoort je van het verkrijgen van echt geloof en drijft je naar wereldse wegen, uiteindelijk leidt het tot zonde en eeuwige dood.

In Matteüs 16: 21 en verdere verzen, verteld Jezus aan Zijn discipelen, dat Hij vele dingen moet lijden, en dat Hij gedood zou worden aan een kruis, en de derde dag zou opgewekt worden. Dit aanhorende, nam Petrus Jezus terzijde en begon Hem te bestraffen, *"Dit verhoede God!! dat zal u geenszin overkomen"* (v. 22). Hoe dan ook, Jezus keerde zich woedend om naar Petrus *"Ga achter Mij, Satan! gij zijt Mij een aanstoot, want gij zijt niet bedacht op de dingen van God maar van mensen"* (v. 23). Toen Jezus woedend zei *"Ga achter Mij, Satan!"* bedoelde Hij niet dat Petrus Satan was, maar dat het Satan hemzelf was welke werkte in Petrus gedachte om het werk van God te hinderen.

Dat was omdat Jezus een kruis moest dragen voor de redding van de mensen in overeenstemming met de wil van God, maar Petrus probeerde Hem daarvan te beschermen om Gods wil uit te dragen met zijn vleselijke gedachten.

De apostel Paulus schrijft in 2 Korintiërs 10: 3-6 het volgende:

Want al leven wij in het vlees, wij trekken niet ten strijde naar het vlees, want de wapenen van onze veldtocht zijn niet vleselijk, maar krachtig voor God tot het slechten van bolwerken, zodat wij de redeneringen en elke schans, die opgeworpen wordt tegen de kennis van God, slechten, elk bedenksel als krijgsgevangene brengen onder de gehoorzaamheid aan Christus, en gereed staan, zodra uw gehoorzaamheid volkomen is, alle ongehoorzaamheid te straffen.

Je zult je eigen argumenten en redeneringen moeten vernietigen, welke ontstaan en vaak werken tegen het koninkrijk van God. Neem elke gedachte krijgsgevangen in gehoorzaamheid aan Christus in overeenkomst te leven naar de waarheid, en dan zal je de juiste persoon worden van geloof en geest.

Daarom moet je de gedachte weg doen dat je iemand twee keer terug moet slaan, om niet ten schande te maken, wanneer hij je slaat omdat deze vleselijke gedachte tegen de waarheid is. Daarom, zal je alle zonden verlaten die door je gedachten komen. Om het probleem van zonde totaal aan te pakken, moet je alle lusten van het vlees, de lusten van de ogen, en een hoogmoedig leven verzaken. Deze zijn onwaarachtige gedachten in welke Satan behagen heeft.

De lusten van het vlees, zijn de gedachte die opkomen en verlangens tegen de wil van God. Galaten 5: 19-21:

Het is duidelijk, wat de werken van het vlees zijn: hoererij, onreinheid, losbandigheid, afgoderij, toverij, veten, twist, afgunst, uitbarstingen van toorn, zelfzucht, tweedracht, partijschappen, nijd, dronkenschap, brasserijen en dergelijke, waarvoor ik u waarschuw, zoals ik u gewaarschuwd heb, dat wie dergelijke dingen bedrijven, het Koninkrijk Gods niet zullen beërven.

Het echte verlangen wat God jou gebied om te doen, is om de lusten van het vlees te verlaten.

De begeerte van iemands ogen betekent dat iemands denken zwaar beïnvloed wordt door wat hij ziet en hoort en hij begint deze verlangens na te jagen, die geprikkeld zijn in zijn denken. Wanneer iemand van de wereld houdt, zoekende de begeerte van zijn ogen, lijken enkel die begeertes waardevol en kan hij door niets bevredigd worden.

Een opschepperig denken doet zich voor in een persoon, wanneer iemand hunkert om de pleziertjes van de wereld bezitten in zijn najagen naar tevredenheid van een zondevolle mens en de lust van zijn ogen. Deze worden genoemd, de hoogmoed van het leven.

Om ons te verlossen van alle soorten immoraliteit, wetteloosheid en kwaad, droeg Jezus een doornenkroon en liet Zijn bloed vloeien. Omdat alleen het onberispelijke en vlekkeloze bloed van Jezus ons kon verlossen van onze zonden, verloste Hij ons van alle zonden die we in onze gedachten plegen door een doornenkroon te dragen op Zijn hoofd en Zijn bloed te laten vloeien.

Ten tweede, droeg Jezus de doornenkroon om de mens in staat te stellen om betere kronen te dragen in de hemel.

Een andere reden waarom Hij een doornenkroon droeg is om jou in staat te stellen om betere kronen te verkrijgen. Zoals Hij jou verloste van armoede en jou rijkdom gaf door een arm leven te leiden, zo droeg Hij de doornenkroon om jou in staat te stellen om betere kronen te verkrijgen in de hemel. Er zijn talloze kronen voorbereid in de hemel voor de kinderen van God. Er zijn prijzenzoals gouden medailles, zilveren medialles, of bronzen medailles die gegeven worden aan dewinnaars overeenkomstig hun rang in een atletische gebeurtenis. Op gelijke wijze, zijn er verschillende kronen in de hemel.

Er is een onvergankelijke kroon zoals beschreven staat in 1 Korintiërs 9: 25: *"En al wie aan een wedstrijd deelneemt, beheerst zich in alles; zij om een vergankelijke erekrans te verkrijgen, wij om een onvergankelijke."* Een onvergankelijke kroon is voorbereid voor Gods kinderen die ernaar streven om af te rekenen met hun zonden. De kroon van glorie is ook voorbereid voor hen die hun zonden afgerekend hebben en geleefd hebben overeenkomstig het Woord van God en Hem verheerlijken. (1 Petrus 5: 4). *De kroon is des levens* is ook voorbereid voor hen die God echt lief hebben, getrouw zijn aan Hem, zelfs tot aan het punt van de dood, en heilig worden door alle kwaad te verlaten (Jakobus 1: 12; Openbaringen 2: 10).

De krans der rechtvaardigheid wordt gegeven aan hen, zoals de apostel Paulus, die heilig worden door al hun zonden af te leggen en die bovendien, hun opdracht volbrengen in overeenstemming met de wil van God (2 Timoteüs 4: 8).

Het staat ook beschreven in Openbaringen 4: 4 dat *"En rondom de troon waren vierentwinitg tronen en op die tronen waren vierentwintig oudsten gezeten in witte klederen gekleed en met gouden kronen op hun hoofden."* De gouden kroon is voorbereid voor de mensen die het niveau van oudste bereikt hebben en die God zullen bijstaan in het Nieuwe Jeruzalem.

Hier, verwijst "Oudsten" niet naar de mensen die in de

kerken van de wereld de titel ontvangen hebben, maar beschrijft de mensen die door God erkent zijn als oudsten omdat ze heilig en getrouw zijn in alles wat het huis van God betreft, en een onveranderlijk geloof hebben van goud.

God geeft kronen aan Zijn kinderen die afhangen van de omvang naar welke zij de zonde afleggen en Gods opdracht vervullen. De kinderen van God zullen groot zijn in de hemel en zullen betere kronen ontvangen, als ze niet denken over hoe de zondevolle natuur te bevredigen en leven overeenkomstig het Woord van God (Romeinen 13: 13-14), wanneer het goed gaat met hun ziel en ze leven door de Geest (Galaten 5: 16), en wanneer ze trouw hun plicht en opdracht vervullen!

Op gelijke wijze, verloste Jezus jou van alle zonden die je doet in je gedachten door de doornen kroon te dragen en zijn bloed te vergieten. Hoe dankbaar zou je moeten zijn, omdat Hij betere kronen in de hemel heeft bereidt voor jou, in overeenstemming met de mate van je geloof en de vervulling van je opdracht.

Daarom moet je beseffen hoe heerlijk het zal zijn om bevoegd te zijn om deze kronen te ontvangen. Je zou het hart van de Here dan moeten hebben door het kwade te verlaten, je opdracht goed te doen, en getrouw te zijn in alles wat Gods huis betreft. Ik hoop dat je de beste kroon, die je maar kan, mag ontvangen in de hemel.

Jezus' mantel en tunica

Jezus, die een doornenkroon droeg en bloed liet vloeien over

Zijn gehele lichaam vanwege de hevige geselingen, kwam op Golgotha, een plaats van kruisiging. Toen de Romeinse soldaten Jezus kruisigden, namen ze Zijn klederen, en verdeelden het in vieren, voor ieder één. Maar Zijn kleed verdeelden ze niet, maar wierpen er een lot over.

Toen dan de soldaten Jezus gekruisigd hadden, namen zij zijn klederen en maakten daarvan vier delen, voor iedere soldaat één deel, en zijn onderkleed. Dit kleed nu was zonder naad, aan één stuk geweven. Zij zeiden dan tot elkander: "Laten wij dit niet scheuren, maar erom loten, voor wie het zal zijn"; zodat het schriftwoord vervuld werd: "Zij heben mijn klederen onder elkander verdeeld en over mijn kleding hebben zij het lot geworpen." (Johannes 19: 23-24).

Waarom legt het Woord van God tot in detail uit over de klederen en het kleed van Jezus? De geschiedenis van Israël, sinds 70 N.C. zit diep vast in de geestelijke betrokkenheid van deze gebeurtenis.

Uitgekleed en gekruisigd

Overeenkomstig Matteüs 27: 22-26, na het verzoek van Israëlieten die Jezus niet erkenden als de Messias, werd Jezus door Pontius Pilatus veroordeeld tot de kruisdood, nadat Hij op verschillende manieren bespot en veracht was.

Nadat Hij een doornenkroon droeg en bespot en veracht was,

droeg Hij het kruis naar Golgotha en werd daar gekruisigd. Pilatus gaf de soldaten de opdracht om de geschreven beschuldiging boven Zijn hoofd te hangen, wat zei, *"DIT IS JEZUS, DE KONING DER JODEN"* (Matteüs 27: 37). Het opschrift werd geschreven in het Hebreeuws, Latijns en Grieks. Hebreeuws was de oorspronkelijke taal van de Joden, Gods uitverkoren volk. Latijn was de officiële taal van het Romeinse Rijk, de meest invloedrijke natie in die tijd, en de Griekse taal beheerste de cultuur van de wereld. Dus, het opschrift geschreven in drie talen symboliseert dat de hele wereld Jezus inderdaad erkende als de Koning der Joden en als de Koning der koningen.

Na het lezen van het opschrift, in Johannes 19: 21-22, kwamen vele Joden in opstand tegen Pilatus om niet te schrijven, "de Koning van de Joden," maar om in plaats daarvan te schrijven, "Hij zei: 'Ik ben de Koning van de Joden.'" Hoe dan ook, Pilatus antwoordde hen "Wat ik geschreven heb, dat heb ik geschreven," en liet het zo. Dit betekent dat Pilatus Jezus erkende als de Koning van de Joden.

Terwijl Pilatus Jezus erkent als de Koning der Joden, Hij is inderdaad de enige Zoon van God, de Koning der koningen en de Here der heerscharen. Toch, vóór vele mensen die naar Hem keken, werd Jezus ontkleed van Zijn klederen en kleed en werd aan het kruis gekruisigd. Op deze manier, onderging Hij zo'n hartsverscheurende schaamte.

We leven in deze goddeloze wereld, en vergeten de plicht van de mens. En om ons te verlossen van alle schaamte, vuile dingen, goddeloosheid, wetteloosheid en immoraliteit, werd Jezus de

Koning der koningen, ontkleed van Zijn klederen en kleed en leed schaamte terwijl vele mensen naar Hem keken. Als je deze geestelijke betekenis begrijpt, kan je niets anders dan alleen maar dankbaar zijn.

Jezus' klederen verdelen in vier delen

Romeinse soldaten ontkleden Jezus naakt en kruisigden Hem. Ze namen Zijn klederen en verdeelden hen in vier delen, maar wierpen het lot over Zijn kleed.

Gezond verstand zou zeggen dat Zijn klederen niet mooi of duur waren. Waarom dan verdeelden de soldaten Zijn klederen in vier delen?

Wisten ze, met vooruitziende wijsheid, dat Jezus geëerd zou worden als de Messias en wilden ze ook maar een stuk van de klederen hebben om aan hun nakomelingen te geven als een kostbaar familiestuk? Nee, dat was niet het geval.

Psalm 22: 19 profeteert, *"Zij verdelen mijn klederen onder elkander en werpen het lot over mijn gewaad."* God stond de Romeinse soldaten toe om Zijn klederen te nemen om dit vers te vervullen (Johannes 19: 24).

Wat voor geestlijke betrokkenheid hadden Jezus' klederen? Waarom verdeelden ze Zijn klederen in vier delen, voor ieder één? Waarom verdeelden ze Zijn kleed niet? Waarom stond God toe dat dit verhaal van te voren werd opschreven?

Omdat Jezus de Koning der Joden is, verwijzen Jezus'

klederen naar de natie van Israël of het Joodse volk. Toen de Romeinse soldaten de klederen in vier delen verdeelden, verloren de klederen hun model. Dit houdt in dat Israël als een natie vernietigd zou worden. En het geeft ook aan dat de naam Israël zal blijven bestaan, net zoals het verdelen van de klederen is blijven bestaan. Tenslotte, profeteren de woorden die opgeschreven zijn over Zijn klederen, dat het Joodse volk verstrooit zal worden in alle richting, als resultaat van de vernietiging van hun natie. De geschiedenis van Israël getuigd dat deze profetie vervuld is.

Binnen 40 jaar, na de dood van Jezus aan het kruis, vernietigde een Romeinse generaal genaamd Titus, Jeruzalem. De tempel van God werd volledig vernietigd, zonder dat er ook maar een steen op de andere bleef. Sinds de natie Israël ophield met bestaan, werden de Joden overal verstrooit, vervolgd en zelfs afgeslacht. Dit legt uit waarom de Joden over de hele wereld geleefd hebben, zelfs vandaag nog.

Matteüs 27: 23 geeft een akelige afbeelding weer in welke Pilatus tot het slechte volk zegt dat Jezus onschuldig was, maar ze schreeuwden des te luider om Jezus te kruisigen. Op dit, nam Pilatus water en waste zijn handen om te tonen dat hij niet verantwoordelijk was voor de dood van de onschuldige Jezus, zeggende: *"Ik ben onschuldig aan Zijn bloed; gij moet zelf maar zien, wat ervan komt"* (v. 24). En al het volk antwoordde en zeide: *"Zijn bloed kome over ons en over onze kinderen!"* (v. 25)

Een opmerkelijk element in de geschiedenis van Israël toont

ons dat vele Joden en hun nakomelingen bloed vergieten, alsof ze hun eis aan Pontius Pilatus vervullen. Binnen vier decennia na Jezus' dood, waren er meer dan 1.1 miljoen Joden geslacht. Bovendien in de Tweede Wereldoorlog, doodden de Duitse Nazi ongeveer zes miljoen Joden. De film "The Schindler's List" geeft een tragedische afbeelding weer in welke Joodse mensen, zonder onderscheiding van man of vrouw, oud of jong, gedood werden zonder klederen te dragen. Zelfs een misdadiger is toegestaan om klederen te dragen tijdens zijn executie, maar de Joodse mensen werden naakt ontbloot voordat ze geslacht werden.

De Joodse mensen hadden Jezus niet erkent als de Messias en hebben Hem naakt ontkleed en gekruisigd. Terwijl ze schreeuwden, "Zijn bloed kome over ons en over onze kinderen," kwam er een verschrikkelijke ellende over het volk Israël gedurende vele jaren.

Jezus' kleed was naadloos geweven aan één stuk

Johannes 19: 23 omschrijft het kleed van Jezus: *"Dit kleed nu was zonder naad, aan één stuk geweven."* Hier, betekent *"zonder naad"* in dit vers dat het kleed niet gestikt was om andere stukken van kledij erbij te voegen. De meeste mensen zijn niet zo geïntreseert in hoe hun klederen gemaakt zijn of ze nu van boven tot beneden geweven zijn of van beneden naar boven. Waarom dan, beschrijft de Bijbel Jezus kleed zo tot in detail?

De Bijbel zegt dat de voorvader van de mensheid, Adam is, de voorvader van het geloof is Abraham, en de voorvader van Israël is Jacob. De Bijbel onderwijst ons dat de voorvader van

Israël niet Abraham is, maar Jacob, omdat de twaalf stammen van Israël voortkwamen uit de twaalf zonen van Jacob. De oprichter van de natie Israël is Jacob, ook al is de voorvader van het geloof Abraham.

God zegende ook Jacob in Genesis 35: 10-11 op deze wijze:

Gij heet Jacob; gij zult niet meer Jacob heten, maar Israël zal uw naam zijn. En Hij noemde hem Israël. En God zeide tot hem: Ik ben God, de Almachtige, wees vruchtbaar en wordt talrijk; een volk, ja, een menigte van volken, zal uit u ontstaan, en koningen zullen uit uw lendenen voortkomen.

Overeenkomstig het Woord van God wat vermeld staat in deze verzen, vormden Jacob's twaalf zonen de ruggengraat van Israël en Israël was verenigd als een land totdat het gescheiden werd in de dagen van Koning Rehoboam in, Israël, in het noorden, en Juda, in het zuiden.

Later, werd Israël, in het noorden, vermengd met de heidenen, maar Juda bleef verenigd. Vandaag worden de mensen van Juda, de Joden genoemd. Het feit dat het kleed van Jezus zonder naad was, geweven van boven tot onder, aan één stuk, betekent dat de natie Israël zijn eenheid en identiteit behoud als afstammelingen van Jacob, tot op heden.

Het lot werpen over Jezus kleed, zonder het te scheuren

Hier, betekent het kleed, het hart van de mensen. Omdat

Jezus, de Koning van Israël is, betekent Zijn kleed het hart van het Joodse volk.

De Israëlieten, als Gods uitverkoren volk, hebben door hun voorvader van geloof, Abraham, de ware God boven alles aanbeden. Het feit dat ze het kleed niet verdeelden betekent dat de geest van het Joods volk van Israël die God aanbidden, goed bewaard is, zonder in stukken gescheurd te worden ook al was de natie of regering van Israël soms vernietigd.

In feite profeteert de Bijbel dat de heidenen de geest van de Israëlieten, die diep in hun harten verblijft, niet kunnen verdelgen. Met andere woorden, hun harten bleven standvastig voor God, ook al werd de natie Israël verwoest door de heidenen. Daar ze zo'n onveranderlijk hart hadden, koos God de Israëlieten als Zijn eigen volk en heeft hen gebruikt om Zijn koninkrijk en gerechtigheid te grondvesten.

Zelfs vandaag, proberen de Israëlieten de wet te gehoorzamen met een onveranderlijk hart. Dit komt omdat ze afstammelingen zijn van Jacob, die zelf ook een onveranderlijk hart had. De Israëlieten verrasten de hele wereld door hun onafhankelijkheid te winnen op 14 Mei, 1948, een lange tijd nadat ze hun land verloren hadden. Daarna hebben ze zich heel snel ontwikkelt tot één van de modernste en invloedrijkste landen, en hebben ze opnieuw hun nationale geest en uitmuntendheid laten zien.

Zoals Romeinse soldaten, Jezus' kleed niet konden verdelen, omdat het was zonder naad, aan één stuk geweven van boven tot beneden, kunnen de heidenen de geest van de Israëlieten die God aanbidden niet vernietigen. Tenslotte, richtten de Israëlieten, als nakomelingen van Jacob, een onafhankelijk land op en vervulden de wil van God als Zijn uitverkoren volk.

Israël aan het einde der tijden, zoals voorzegd

Zoals God de geschiedenis van Israël voorspelde door Jezus' klederen en onderkleed, gaf Hij ons een hint over de laatste dagen van de wereld. Ezechiël 38:8-9 zegt:

Na geruime tijd zult gij een bevel ontvangen; in toekomende jaren zult gij optrekken tegen het land dat zich van de krijg hersteld heeft, (een volk) dat uit het gebied van vele volken bijeengebracht is op de bergen Israëls die tot een blijvende wildernis waren geworden, maar het is uit de volken uitgeleid; allen wonen zij in gerustheid. "Dan zult gij optrekken als een opkomend onweer; gij zult zijn als een wolk die de aarde bedekt, gij met al uw krijgsbenden, en vele volken met u."

"Na vele dagen" in deze verzen, is de periode van de geboorte van Jezus tot Zijn wederkomst, en "in de toekomende jaren" verwijst naar de laatste jaren voor Jezus' wederkomst. "De bergen van Israël" betekent Jeruzalem, wat gelegen is op de hooglanden ongeveer 760 meter boven de zeespiegel. Daarom, het woord dat in de toekomende jaren vele mensen zich zullen verzamelen van vele landen, voorspelt dat de Israëlieten, van over de hele wereld, terug zouden keren naar hun land, wanneer de komst van Jezus nader bij komt.

Deze voorspelling werd werkelijkheid toen Israël vernietigd werd in het jaar 70 N.C., door het Romeinse Rijk, en hun onafhankelijkheid wonnen in 1948. Israël was tot dan verwoest, maar het groeide tot één van de meest ontwikkelde landen ter wereld. Het Nieuwe Testament profeteerde ook over de onafhankelijkheid van Israël. Jezus zegt ons het volgende in Matteüs 24: 32-34:

Leert dan van de vijgenboom deze les: wanneer zijn hout reeds week wordt en de bladeren doet uitspruiten, weet gij daaraan dat de zomer nabij is. Zo moet ook gij, wanneer gij dit alles ziet, weten, dat het nabij is, voor de deur. Voorwaar, Ik zeg u, dit geslacht zal geenszins voorbij gaan, voordat dit alles geschiedt.

Dit was Jezus antwoordt aan Zijn discipelen, die Hem gevraagd hadden naar het teken van Zijn werdekomst en van de eindtijd.

De vijgenboom, in deze verzen verwijst naar Israël. Wanneer de bladeren van de bomen vallen en de koude wind waait, weet je dat de winter nabij is. Op gelijke wijze, wanneer de twijgjes van de vijgenboom zacht worden en de bladeren komen, weet je dat de zomer nabij is. Met deze parabel, legt Jezus uit dat wanneer Israël hersteld is, na een lange tijd van vernietiging, dat is, wanneer het volk van Israël hun onafhankelijkheid terugwinnen, en de wederkomst van Jezus nabij is.

Je weet niet hoelang "dit geslacht" welke Jezus vernoemd in

dit vers is, maar je weet wel dat wat Hij zei zeker zal voortkomen. Je bent al getuige geweest van de onafhankelijkheid van Israël, dus het is heel gemakkelijk om uit te rekenen dat de komst van Jezus heel dichtbij is.

Tekenen van de eindtijd

In Matteüs 24, toen Zijn discipelen vroegen naar de tekenen van de eindtijd, legde Jezus het hen tot in detail uit. Hoe dan ook, Hij vertelde niet het precieze uur en dag, zeggende, *"Doch van die dag en van die ure weet niemand, ook de engelen der hemelen niet, ook de Zoon niet, maar de Vader alleen."* (Matteüs 24: 36).

Dit betekent dat Hij, als de Zoon des mensen, die in het vlees kwam naar deze wereld, niet het precieze uur of dag wist. Dit betekent echter niet dat Jezus, als één van de Drie-eenheid, na zijn kruisiging, Opstanding en hemelvaard, het niet wist.

Terwijl Hij vele dingen zei over de tekenen van de Eindtijd, waarschuwde Jezus je, *"En omdat de wetsverachting toeneemt, zal de liefde van de meesten verkillen. Maar wie volhardt tot het einde, die zal behouden worden."* (Matteüs 24: 12-13).

Vandaag, kan je jammer genoeg zien dat de goddeloosheid toeneemt en de liefde killer wordt. Je kan nauwelijks nog hartelijkheid vinden. Jezus zei in Matteüs 24: 14, *"En dit evangelie van het koninkrijk zal in de gehele wereld gepredikt worden en tot een getuigenis voor ale volken, en dan zal het einde gekomen zijn."* Het evangelie is al gepredikt in alle hoeken van de wereld.

Bovendien, leven we in een "wereldomvattend dorp" waarvan elke hoek van de wereld toegankelijk is via transport of communicatie. Dit fenomeen, werd ook voorspelt in Daniël 12: 4 *"Maar gij Daniël, houdt de woorden verborgen, en verzegel het boek tot de eindtijd; velen zullen onderzoek doen, en de kennis zal vermeerderen."* Het evangelie is op een snelle wijze verspreid over de hele wereld in dit milieu.

Het is waar dat wanneer het evangelie gepreekt is over de hele wereld, er toch sommige mensen zullen zijn, die Jezus niet hebben aangenomen, omdat ze hun harten niet openden. Of, er zijn misschien nog een paar afgelegen plaatsen, waar het zaad van evangelie nog niet verspreid is.

De profetieën uit het Oude Testament zijn allemaal vervuld en de meeste profetieën uit het Nieuwe Testament ook. De hele Schrift is geïnspireerd door de Heilige Geest. Dus, het Woord van God is juist en bevat geen fouten. De kleinste brief of de laatste pennestreek zal niet veranderd worden in het Woord. God heeft Zijn Woord en beloftes vervuld, en er zijn nog maar een paar dingen die onvervuld zijn gebleven, zoals de Wederkomst van Jezus, de Zeven jaar van grote verdrukking, het duizendjarige rijk en het Grote oordeel van de witte troon.

Genageld door Zijn handen en voeten

De kruisiging was een van meest wrede methodes van executie voor moordenaars of verraders. Zijn armen werden uitgestrekt over een houten kruis. De persoon werd doornageld door beide handen en voeten. Hij werd aan het kruis gehangen gedurende een lange tijd totdat hij stierf. Dus, hij moest hevige pijnen lijden tot zijn laatste adem.

Jezus, de Zoon van God, deed alleen maar goede dingen en had geen smet of vlek in deze wereld. Waarom moest Jezus dan genageld worden door beide handen en voeten en Zijn bloed vergieten aan het kruis?

De pijn van genageld worden door de handen en voeten

Jezus was veroordeeld tot de kruisdood em kwam op de plaats van executie, Golgotha. Een Romeinse soldaat hield een grote ijzeren nagel vast en de andere hield de hamer vast en begon Zijn handen en voeten te nagelen op bevel van de Centurion. Daarna brachten ze het kruis omhoog. Kun je je voorstellen hoe pijnlijk dit geweest moet zijn?

De onschuldige Jezus, moest pijn lijden van de grote nagels die in Zijn lichaam werden geslagen en omdat Zijn lichaam naar beneden hing door Zijn gewicht en scheurden de genagelde delen van Zijn lichaam.

Wanneer iemand onthoofd werd, eindigde de pijn in één ogenblik. Hoe dan ook, sterven aan een kruis was veel pijnlijker omdat iemand hing, bloedde, en leed aan dehydratatie en uitputting tot het moment van Zijn dood.

En bovendien, tijdens een zonnige dag in de woestijn, vlogen er allerlei insecten en ongedierten over Zijn verscheurde lichaam om bloed te zuigen dat vloeide uit Zijn wonden van Zijn genagelde handen en voeten. Daar bovenop, wezen goddeloze mensen met hun vingers naar Hem, spuugden naar Hem, bespotten Hem, vervloekten Hem, en beledigden Hem. Sommige mensen verachtten Hem zelfs, zeggende, *"Gij, die de tempel afbreekt en in drie dagen opbouwt, red Uzelf, indien Gij Gods Zoon zijt, en kom van het kruis!"* (Matteüs 27: 40) Jezus ging door ondragelijke pijnen tijdens Zijn kruisiging. Hoe dan ook, Jezus wist heel goed dat Zijn dragen van de zonden en vloeken door te sterven aan het kruis, de weg zou openen voor de verlossing van de mensheid van hun zonden en hen kinderen van God kon maken. Zijn echte pijn kwam in plaats daarvan vanuit een andere bron. En toch waren we nog steeds die mensen die de voorzienigheid van God niet kenden of die geen redding ontvingen van hun goddeloosheid. Dit gaf Hem een veel grotere pijn.

Zonden bedreven met handen en voeten

Eens wanneer een zondevolle gedachte bevrucht wordt in het hart, dringt het hart de handen en de voeten tot het bedrijven van de zonden. Omdat er een geestelijke wet is, dat het loon van de zonde de dood is, wanneer je zonde bedrijft, moet je naar de hel en daar voor eeuwig lijden.

Daarom zegt Jezus, *"En indien uw voet u tot zonde zou verleiden, houw hem af. Het is beter, dat gij kreupel ten leven ingaat, dan dat gij met twee voeten in de hel geworpen wordt, (waar hun worm niet sterft en het vuur niet wordt uitgeblust). En indien uw oog u tot zonde zou verleiden, ruk het uit. Het is beter, dat gij met één oog het Koninkrijk Gods ingaat, dan met twee ogen in de hel geworpen wordt."* (Marcus 9:45-47).

Hoeveel keer heb jij gezondigd met je handen en voeten, sinds je geboorte? Sommigen slaan andere mensen in boosheid. Sommigen stelen en weer anderen verliezen hun bezittingen door te gokken. Mensen worden gewelddadig met hun voeten en gaan naar plaatsen waar ze niet zouden moeten gaan. Daarom, als je voet je tot zonde verleid, is het beter om hem af te houwen en de hemel binnen te gaan, dan met twee voeten in de hel geworpen te worden. Hoeveel zonden heb je al met je ogen bedreven? Hebzucht en overspel verteren je, wanneer je iets ziet met je ogen, dat je niet zou moeten zien. Daarom zei Jezus, als je ogen je tot zonde verleiden, zou het beter voor je zijn als ze uit rukte en zo de hemel binnengaat, dan met twee ogen in de hel geworpen te worden.

Tijdens het Oude Testament, wanneer iemand zonde bedreef met zijn oog, werd het uitgerukt; als iemand zondigde met zijn hand of voet bedreef, werd zijn hand of voet afgehouwen; als iemand een moord pleegde of overspel, werd hij gestenigd tot de dood (Deuterononium 19:19-21).

Zonder het lijden van Jezus Christus aan het kruis, zouden zelfs vandaag de kinderen van God hun handen of voeten moeten afhouwen als ze zouden zondigen met hun handen of voeten. Hoe dan ook, Jezus nam het kruis, werd door Zijn handen en voeten genageld en vergoot Zijn bloed. Door dit te doen, waste Hij alle zonden weg die gedaan zijn door jou handen en voeten en moet jij niet meer lijden of een prijs betalen voor je zonden. Hoe groot is Zijn liefde!

Je zou moeten herinneren dat Hij je reinigt van alle zonden als je wandelt in het licht zoals Hij in het licht is, en als je je zonden belijd, en terug keert tot Hem (1 Johannes 1: 7). Daarom is het heel belangrijk dat je je hart vult met de waarheid, om een overwinnend leven te leiden met een dankbaar en genadig hart, dat altijd op God gericht is.

Jezus' beenderen niet gebroken, maar Zijn zijde doorstoken

De dag dat Jezus stierf was een vrijdag, de dag voor de Sabbat. In die dagen, werd de zaterdag als sabbat in acht genomen, en wilden de Joden niet dat er doodde lichamen aan de kruisen bleven hangen, gedurende de Sabbat.

Dus zoals je kan lezen in Johannes 19: 31, vroegen de Joden aan Pontius Pilatus om de beenderen te breken en de lichamen naar beneden te halen.

Met de toestemming van Pontius Pilatus, braken de soldaten de beenderen van de misdadigers die gekruisigd werden aan beide zijden van Jezus, maar de beenderen van Jezus braken ze niet, omdat Hij reeds gestorven was. In die dagen werden zij die gekruisigd werden geacht als vervloekt zijnde, en daarom braken de soldaten hun beenderen. Daarom was er een Goddelijke voorzienigheid in het feit dat ze de beenderen van Jezus niet braken.

Waarom werden Jezus' beenderen niet gebroken?

Jezus, die geen zonde had, was vervloekt en hing aan het kruis om de mensheid te verlossen van de vloek van de wet. Satan kon de beenderen van Jezus niet breken, niet omdat Jezus stierf schuldig aan Zijn zonde, maar door de voorzienigheid van God. Bovendien, beschermde God Jezus van het hebben van gebroken beenderen om Zijn woorden te vervullen in Psalm 34: 21, wat zegt, *"Hij behoedt al Zijn beenderen, niet één daarvan wordt gebroken."*

In Numeri 9: 12, zegt God tot de Israëlieten om de beenderen van een lam niet te breken, wanneer ze het aten. Hij zegt ook in Exodus 12: 46 dat de Israëlieten van het lam konden eten, maar ze mochten de beenderen ervan niet breken.

Het "Lam" verwijst naar Jezus, die vlekkeloos en onberispelijk was, en zich toch offerde als een verzoenoffer voor de mensheid en hun zonden, uit Zijn liefde voor ons. In overeenstemming met de Schriften, zegt Exodus 12: 46 *"In één huis zal het gegeten worden; gij zult van het vlees niets uit het huis naar buiten brengen; geen been zult gij ervan breken."* Geen van Jezus' beenderen werd gebroken.

Zijn zijde doorboord met een speer

Johannes 19: 32-34 geeft nog een gruwelijk beeld weer:

De soldaten dan kwamen en braken de benen van de

eerste en van de andere, die met Hem gekruisigd waren;
maar toen zij bij Jezus gekomen waren en zagen, dat Hij
reeds gestorven was, braken zij zijn benen niet, maar
één van de soldaten stak een speer in Zijn zijde en
terstond kwam er bloed en water uit.

Ook al wist de soldaat dat Jezus reeds gestorven was, waarom doorstak hij dan nog Jezus' zijde met een speer, om een onmiddellijk vloeien van water en bloed te brengen? Dit illustreert de goddeloosheid van de mens.

Ook al was Hij God, Jezus eiste of klampte zich niet vast aan Zijn rechten als God. In plaats daarvan, maakte Hij Zichzelf tot niets; Hij nam een nederige houding aan van een slaaf en kwam als een mens. Hij vernederde Zich gehoorzaam, zelfs tot zo ver dat Hij stierf als een misdadiger aan het kruis. Op deze wijze opende Jezus de deur tot redding voor jou (Filippenzen 2: 6-8).

Tijdens Zijn leven in deze wereld, gaf Jezus vrijheid aan de gevangenen, gaf de armen rijkdom, en genas de zieken en de zwakken. Hij had niet voldoende tijd om te eten of te slapen, terwijl Hij Zijn best deed om het Woord van God te verkondigen, om zoveel mogelijk zielen te winnen, als maar mogelijk was. Hij ging naar de bergen om te bidden, zelfs wanneer Zijn discipelen aan het rusten waren.

Vele Joden vervolgden Hem met minachting, ook al deed Hij enkel goed. Op het einde, kruisigden ze Hem aan een kruis vanwege hun goddeloosheid. Bovendien, ondanks dat ze wisten dat Hij dood was, doorstak een Romeinse soldaat Hem met een speer. Dit vertelt ons dat de mensen goddeloosheid op goddeloosheid stapelden.

God toonde aan jou Zijn ontzagwekkende liefde, door Zijn Zoon Jezus Christus te zenden en Hem te laten kruisigen aan een kruis om jou te verlossen van zonden, ongeacht de goddeloosheid van de mensheid.

Bloed en water vergieten vanuit Zijn zijde

Zoals eerder vermeld, doorstak een Romeinse soldaat Jezus' zijde met een speer in zijn goddeloosheid, ondanks dat hij wist dat Jezus gestorven was. Toen de soldaat Zijn zijde doorstak, vloeide er water en bloed uit Zijn lichaam. Er zijn drie betekenissen in deze episode.

Ten eerste, laat het zien dat Jezus kwam in het vlees als de Zoon des mensen. Johannes 1: 14 zegt *"Het woord is vlees geworden en heeft onder ons gewoond en wij hebben Zijn heerlijkheid aanschouwd, een heerlijkheid als van de eerstgeborene des Vaders, vol van genade en waarheid."* God kwam naar deze wereld in het vlees en Hij was Jezus.

Zondaren kunnen God niet zien, want ze komen om als ze Hem zien. Dus, kan God niet rechtstreeks aan hen verschijnen en daarom kwam Jezus naar deze wereld in het vlees en toonde ons vele bewijzen om ons tot geloof in God te brengen.

De Bijbel zegt dat Jezus een mens was zoals jij. Marcus 3: 20 zegt, *"En Hij ging in een huis; en er verzamelde zich weder de schare, zodat zij zelfs geen brood konden eten."* Matteüs 8: 24, zegt ons, *"En zie er kwam een grote onstuimigheid op de zee, zodat de golven over het schip sloegen; maar Hij sliep."* Sommige mensen vragen zich misschien af hoe Jezus, de Zoon van God honger of pijn kon hebben. Hoe dan ook, daar Jezus in het vlees kwam, wat bestaat uit benen en spieren, moest Hij ook eten en slapen. Hij leed ook pijn op de manier zoals wij ook doen.

Het feit dat er bloed en water vloeide uit Zijn lichaam toen Hij werd doorstoken met een speer, geeft jou een overtuigend bewijs dat Jezus naar deze wereld kwam in het vlees, ondanks dat Hij de Zoon van God was.

Ten tweede, het is ook een ander bewijs dat je ook kan deelnemen aan een goddelijke natuur, ook al ben je van vlees. God wil dat Zijn kinderen heilig en perfect zijn zoals Hij is. Dus Hij zegt, *"Weest heilig, want Ik ben heilig."* (1 Petrus 1:16) en *"Gij dan zult volmaakt zijn, gelijk uw hemelse Vader volmaakt is."* (Matteüs 5: 48). Hij bemoedigt jou ook door te zeggen, *"Door deze zijn wij met kostbare en zeer grote beloften begiftigd, opdat gij daardoor deel zoudt hebben aan de goddelijke natuur, ontkomen aan het verderf, dat door de begeerte in de wereld heerst."* (2 Petrus 1: 4), en *"Laat die gezindheid bij u zijn, welke ook in Christus Jezus was."* (Filippenzen 2: 5).

Jezus kwam naar deze wereld in het vlees en werd een dienstknecht overeenkomstig de wil van God, en vervulde Zijn volledige plicht. Hij vervulde ook de wet in liefde door alle beproevingen en problemen te overwinnen, en te leven overeenkomstig het Woord van God.

Ook al was Hij een mens zoals jij, Hij aanvaardde alle pijn, volgde Gods wil met volharding en zelfbeheersing, offerde Zichzelf op in liefde door te sterven aan een kruis zonder verzet of klagen.

Hoe dan, kunnen we deel nemen in de goddelike natuur met het hart van Jezus Christus?

Je moet je zondevolle natuur kruisigen, die bestaan uit begeertes en verlangens, geestelijke liefde hebben en ernstig bidden om deel te nemen aan de goddelijke natuur door dezelfde houding te hebben als Jezus.

Aan de ene kant, is vleselijke liefde zelfgericht, en deze liefde wordt killer na een tijdje. Mensen met deze liefde verraden elkander en lijden pijn wanneer ze het niet eens zijn met elkaar.

Aan de andere kant, wil God dat je die liefde hebt die geduldig, vriendelijk en niet zelfgericht is. Dus, het is de geestelijke liefde die nooit veranderd en iedere dag meer openbloeit. Je kan zoveel van Jezus houding hebben als dat je geestelijke liefde bezit en als dat je alle kwaad verwijderd door ernstig te bidden.

Op gelijke wijze, kan iedereen Gods genade en kracht ontvangen als hij Zijn hulp zoekt in vasten en ernstig bidden. God werkt dan ook in hem uit om af te rekenen met al het kwaad. Je zal stralen als de zon in het hemelse koninkrijk als je geestelijke liefde bezit, de negen vruchten van de Heilige Geest voortbrengt (Galaten 5) en wanneer je de zaligspreking ontvangt (Matteüs 5).

Ten derde, het vergieten van Jezus' bloed en water is krachtig genoeg om je te leiden naar een echt en eeuwig leven.

Het bloed en water van Jezus was vlekkeloos en onberispelijk, omdat Hij geen oorspronkelijke zonde en geen zonde had gedaan. Geestelijk was het dit bloed en water wat opgewekt konden worden. Omdat Hij Zijn heilige bloed vergoot, zijn je zonden gereinigd en kan je een echt leven bezitten wat leidt tot redding, opstanding, en eeuwig leven.

Het water dat door Jezus' lichaam stroomde, symboliseert het eeuwige water, het Woord van God. Je kan gevuld zijn met waarheid en een echt kind van God zijn tot die mate dat je Zijn woord begrijpt en de zonde, overeenkomstig daarmee, wegdoet.

Jezus zonder vlek of smet, gaf alles op, om jou een echt leven te geven, door Zijn bloed en water te vergieten, ook al was je niet beter dan een beest.

Ik hoop dat je begrijpt dat je gered bent zonder er voor te betalen en dat je je zonde wegdoet door er ernstig voor te bidden in geloof, zodat je een vruchtbaar leven in Jezus Christus kan leiden.

Hoofdstuk 7

DE LAATSTE ZEVEN WOORDEN VAN JEZUS AAN HET KRUIS

- Vader, vergeef hen
- Vandaag zal je met Mij in het paradijs zijn
- Geliefde vrouw, hier is uw zoon;
  hier is uw moeder
- *Eloi, Eloi, Lama Sabachtani?*
- Ik heb dorst
- Het is volbracht
- Vader, in Uw handen beveel
  Ik Mijn Geest

En Jezus zeide: "Vader, vergeef het hun, want zij weten niet wat ze doen."(v. 34)

... Maar de andere antwoordde en zeide, hem bestraffende, "Vreest zelfs gij God niet, nu gij hetzelfde vonnis ontvangen hebt? En wij terecht, want wij ontvangen vergelding, naar wat wij gedaan hebben, maar deze heeft niets onbehoorlijks gedaan." En hij zeide: "Jezus, gedenk mijner, wanneer Gij in Uw koninkrijk komt." En Hij zeide tot hem: "Voorwaar, Ik zeg u, heden zult gij met Mij in het paradijs zijn." En het was reeds ongeveer het zesde uur en er kwam duisternis over het gehele land tot het negende uur, want de zon werd verduisterd. En het voorhangsel van de tempel scheurde middendoor. En Jezus riep met luider stem: "Vader, in Uw handen beveel Ik Mijn geest." En toen Hij dit gezegd had, gaf Hij de geest. (v. 40-46)
Lucas 23: 34, 40-46

De meeste mensen overdenken hun leven pas wanneer de dood nabij is. Aan hun familieleden en vrienden geven ze hun laatste woorden.

Op gelijke wijze, werd Jezus vlees, kwam naar deze wereld door Gods voorzienigheid, en riep de zeven woorden uit aan het kruis terwijl Hij Zijn geest gaf. Deze worden genoemd "De laatste zeven woorden van Jezus aan het kruis."

Laat ons de geestelijke betekenis eens bestuderen van Jezus' laatste zeven woorden aan het kruis.

Vader, vergeef hen

De auteur van Filippenzen beschrijft Jezus op de volgende wijze. Jezus:

Laat die gezindheid bij u zijn, welke ook in Christus Jezus was, die, in de gestalte Gods zijnde, het Gode gelijk zijn niet als een roof heeft geacht, maar Zichzelf ontledigd heeft, en de gestalte van een dienstknecht heeft aangenomen, en aan de mensen gelijk geworden is. En in zijn uiterlijke als een mens bevonden, heeft Hij Zich vernederd en is gehoorzaam geworden tot de dood, ja, tot de dood des kruises. (Filippenzen 2:5-8).

Jezus werd gekruisigd aan het kruis om Zijn liefde en gehoorzaamheid aan God te laten zien, zodat Hij de weg kon openen voor de redding van zondaren. De mensen die bij het kruis stonden, bespotten Jezus samen met de leiders, *"Anderen heeft Hij gered, laat Hij nu Zichzelf redden, indien Hij de Christus Gods is, de Uitverkorene"* (Lucas 23:35). De soldaten bespotten Hem ook, en gaven Hem zure wijn te drinken, en zeiden, *"Indien Gij de koning der Joden zijt, red dan Uzelf!"* (v. 37) Een van de misdadigers die daar ook hing riep scheldwoorden tegen Hem, zeggende, *"Zijt Gij niet de Christus? Redt Uzelf en ons!"* (v. 39)

> *En toen zij aan de plaats gekomen waren, die Schedel genoemd wordt, kruisigden zij Hem daar en ook de misdadigers, de ene aan zijn rechterzijde en de andere aan zijn linkerzijde. En Jezus zeide: "Vader, vergeef het hun, want zij weten niet wat zij doen." En zij wierpen het lot om zijn klederen te verdelen. (Lucas 23: 33-34).*

Jezus bad tot God vragende om hen te vergeven, *"Vader, vergeef het hun, want zij weten niet wat zij doen,"* terwijl Hij zijn laatste adem gaf. Jezus smeekte de Vader om genade en vergeving te geven aan het volk dat niet wist dat Jezus, de Zoon van God gekruisigd werd om hun zonden te vergeven. Misschien beseften ze niet eens dat de daden die ze deden zonde waren. Dit is Zijn eerste woord vanaf het kruis.

Jezus bidt in liefde voor het volk die Hem kruisigd

Jezus, de Zoon van God, bad voor hen die Hem kruisigden ook al had Hij noch tekort noch smet. Hoe diep en groot is Zijn liefde! Jezus had gemakkelijk van het kruis kunnen komen, om Zijn kruisiging te vermijden, daar Hij één is met God, de almachtige en bekrachtigd is door God, de Vader. Hoe dan ook, Hij werd gekruisigd om het plan van redding te vervullen overeenkomstig Gods wil. Daarom, kon Hij al het lijden en de schaamte verdragen, voor hen bidden in een wanhopige liefde en vragen om hen te vergeven.

Jezus bad ernstig, "Vader, vergeef het hun, want zij weten niet wat zij doen." Hier, verwijst "zij" niet alleen naar hen die Hem kruisigden en bespotten, maar ook naar alle mensen die Jezus Christus niet aan nemen als hun Heer en voort blijven leven in de duisternis. Net zoals de mensen die Jezus, de Zoon van God, kruisigden, zondigen vele mensen omdat ze Jezus Christus en de waarheid niet kennen.

Jou vijand, de duivel, behoort tot de duisternis en haat het licht, dus hij kruisigde Jezus, het ware licht. Vandaag, controleert de duivel mensen die tot de duisternis behoren en zorgt ervoor dat zij degene vervolgen die in het licht wandelen.

Hoe kan je reageren op vervolgers die de waarheid niet kennen?

Jezus leert jou wat de wil van God is en wat de houding van een christen zou moeten zijn door Zijn eerste woorden aan het Kruis. In Matteüs 5: 44, staat er, *"Hebt uw vijanden lief en bidt voor wie u vervolgen."* Dus wij moeten in staat zijn om voor onze vervolgers te bidden, zeggende, "Vader, vergeef het hen want zij weten niet wat zij doen. Zegen hen, zodat ook zij de Heer mogen ontvangen en we elkaar opnieuw kunnen ontmoeten in de hemel."

Vandaag zal je met Mij in het paradijs zijn

Er werden ook twee misdadigers gekruisigd toen Jezus aan het kruis hing wat hoog stond op Golgotha, "De Schedelplaats" (Lucas 23: 33).

Een van de misdadigers lasterde Hem, maar de andere bestrafte de eerste misdadiger, bekeerde zich en nam Jezus aan als zijn persoonlijke Redder. Toen beloofde Jezus hem dat Hij vandaag nog in het paradijs zou zijn met hem. Dat is het tweede woord van Jezus aan het kruis.

Een der gehangen misdadigers, lasterde Hem: Zijt Gij niet de Christus? Red Uzelf en ons! Maar de andere antwoordde en zeide, hem bestraffende: "Vreest zelfs gij God niet, nu gij hetzelfde vonnis ontvangen hebt? En wij terecht, want wij ontvangen vergelding, naar wat wij gedaan hebben, maar deze heeft niets onbehoorlijks gedaan." En hij zeide: "Jezus, gedenk mijner, wanneer Gij in Uw koninkrijk komt." En Hij zeide tot hem: "Voorwaar, Ik zeg u, heden zult gij met Mij in het paradijs zijn." (Lucas 23:39-43).

Jezus verklaarde dat Hij de Messias was, die zondaren kon vergeven, wanneer ze zich bekeerden en hen kon redden door Zijn tweede woord aan het Kruis.

Wanneer je de vier evangelieën leest, zijn de antwoorden van de misdadigers op verschillende manieren geschreven. In Matteüs 27: 44 staat er, *"Op dezelfde wijze, beschimpten Hem ook de rovers, die met Hem gekruisigd waren."* In Marcus 15: 32, staat er, *"Laat de Christus, de Koning van Israël, nu afkomen van het kruis, dat wij het zien en geloven. Ook die met Hem gekruisigd waren beschimpten Hem."* Uit deze twee evangelieën, kan je lezen dat beide misdadigers Jezus lasterden.

Hoe dan ook, in Lucas 23, kan je lezen dat een van de misdadigers de andere bestrafte en zich bekeerde van zijn zonden, Jezus Christus aanvaardde en gered werd. Het is niet zo dat de evangelieën niet in overeenstemming geschreven zijn me elkaar. In plaats daarvan, stond God, in Zijn voorzienigheid de auteurs toe om op verschillende wijzen te schrijven. In de Bijbel, zijn Gods voorzienigheid en geschiedkundige elementen geconcentreerd. Als alles tot in detail was opgeschreven, zouden duizend Bijbels nog niet voldoende zijn.

Vandaag, wanneer je iets opneemt met een videocamera, kan je er later nog eens naar kijken, maar in Jezus' tijd, was er zo geen uitrusting, en ze konden geen foto's nemen, ook al waren dit hele belangrijke gebeurtenissen. Ze konden enkel deze gebeurtenissen opschrijven. Door kleine verschillen, kan je een bepaalde situatie op een meer realtische wijze ervaren en opnieuw beleven.

Het beter begrijpen van Jezus' kruisiging

Toen Jezus het evangelie verkondigde, volgden Hem grote menigten. Sommigen wilden luisteren naar Zijn boodschap, anderen wilden tekenen en wonderen vanuit de hemel zien, anderen wilden voedsel, en weer anderen verkochten hun bezittingen om Jezus te dienen en te volgen. In Lucas 9, gaf Jezus dank voor de vijf broden en de twee vissen. Het aantal mensen die aten was vijfduizend mannen (Lucas 9:12-17). Stel je voor hoeveel meer mensen zich verzameld hadden, inclusief zij die Jezus liefhadden of haatten, op de plaats waar Jezus gekruisigd werd. De menigte omringden het kruis zodat de soldaten hen moesten tegenhouden met speren en schilden. Stel je voor, de mensen die naar Jezus schreeuwden in een kring dicht bij het kruis. De menigte lasterde Hem. Zelfs een van de twee misdadigers die ieder aan een zijde hingen van Jezus, lasterde Hem.

Wie zou nu in staat geweest zijn om te horen wat de eerste misdadiger zei? Het was meer dan gewoon maar lawaaierig, zodat alleen de mensen die dicht genoeg bij Jezus stonden, Zijn woorden konden horen. De andere misdadiger zei iets tegen Jezus met een slechte gelaatsuitdrukking. Deze misdadiger, was in feite de misdadiger, die Jezus lasterde, aan het bestraffen. Hoe dan ook, degene die ver stonden aan de tegenovergestelde zijde, konden gemakkelijk denken dat deze berouwvolle misdadiger, Jezus die in het midden hing, aan het bestraffen was.

Aan de ene kant, in die rumoerige staat, konden de schrijvers van de evangelieën van Matteüs en Marcus niet horen dat de misdadiger zich bekeerde, en dachten dat hij ook Jezus bestrafte. Dus schreven ze dat beide misdadigers Jezus' bestraften.

Aan de andere kant, kon de schrijver van het evangelie van Lucas het duidelijk horen, dus hij wist dat een van de misdadigers niet lasterde maar zich bekeerde. Verschillende schrijvers, bevonden zich op verschillende plaatsen en schreven verschillende dingen.

God, die alles weet, stond hun toe om op verschillende manieren te schrijven, zodat latere generaties een bijzondere situatie duidelijk zouden kunnen onderscheiden.

Een hemelse plaats voor de bekeerde misdadiger

Jezus beloofde de misdadiger die zich bekeerde aan het kruis voor zijn dood, "Heden zult gij met Mij in het paradijs zijn." Dit heeft een geestelijke betekenis.

De hemel, Gods koninkrijk, gaat boven ons denken. Zelfs Jezus zei ons in Johannes 14: 2, *"In het huis Mijns Vaders zijn vele woningen; anders zou Ik het u gezegd hebben; want Ik ga heen om u plaats te bereiden."* De psalmist dringt ons aan *"Looft Hem, hemel der hemelen, en gij wateren boven de hemel!"* (Psalm 148: 4). Nehemia 9: 6 prijst God die de hemelen maakte, zelfs de hoogste hemelen.

2 Korintiërs 12: 2 spreekt van *"Ik weet van een mens in Christus, veertien jaar is het geleden – of het in het lichaam was, weet ik niet, of buiten het lichaam was, weet ik niet, God weet het – dat die persoon weggevoerd werd tot in de derde hemel."* In Openbaringen 21: 2 staat dat in het Nieuwe

Jeruzalem Gods troon staat.

Op gelijke wijze zijn er vele woonplaatsen in de hemel. Hoe dan ook, je mag niet zomaar gaan wonen waar je maar wilt. De God van rechtvaardigheid, beloond een ieder van jullie naar wat je gedaan hebt in deze wereld: Hoeveel je jouw God hebt nagevolgd en gewerkt hebt voor het Koninkrijk van God en hoeveel je hebt opgeslaan in de hemel, enzo...(Matteüs 11: 12; Openbaringen 22: 12).

Johannes 3: 6 zegt, *"Wat uit het vlees geboren is, is vlees, en wat uit de Geest geboren is, is geest."* Afhangende van de omvang bevrijdt iemand zichzelf van de vleselijke dingen en wordt een geestelijk persoon, woonplaatsen in de hemel zijn onderverdeeld in groepen van hetzelfde geestelijke niveau.

Natuurlijk is iedere plaats in de hemel heel mooi, omdat God daar regeert. Hoe dan ook, er zijn verschillen, zelfs in de hemel. Bijvoorbeeld, levenstijl, hobby's, levensnormen, en zo ook zijn er duidelijke verschillen van een wereldstad en dat van het platteland. Op dezelfde manier, is de Heilige stad, het Nieuwe Jeruzalem, de meest glorieuze plaats in de hemel, waar de troon van God is en waar de kinderen die het meest op Hem gelijken zullen wonen.

Hoe dan ook, het Paradijs, is de plaats waar de bekeerde misdadiger in de laatste minuut voor zijn dood aan het kruis leefde en bevindt zich aan de buitenwijken van de hemel. Vele anderen die een schandelijke redding hebben ontvangen, zullen daar wonen. Deze mensen hebben Jezus Christus aangenomen, maar zijn niet verder gegaan om geestelijk te veranderen.

Waarom ging de bekeerde misdadiger het Paradijs binnen?

Hij beleed dat Hij een zondaar was in zijn goede hart, en ontving Jezus als zijn Redder. Hoe dan ook, hij ontdeed zich niet van zijn zonden, leefde niet overeenkomstig het woord van God of evangeliseerde aan anderen. Hij had niet voor God gewerkt, hij had niets gedaan om een hemelse beloning te ontvangen. Daarom ging hij het Paradijs binnen, de laagste plaats van de hemel.

Jezus' afdaling naar het diepste graf

Ook al beloofde Jezus de misdadiger, "Heden zult gij met Mij in het Paradijs zijn," betekent niet dat Jezus alleen in het Paradijs woont, in de hemel. Jezus, de Koning der koningen en de Here der heerscharen, regeert en verblijft met Gods kinderen in de gehele hemel, inclusief het Paradijs en het Nieuwe Jeruzalem. In deze zin verblijft Hij in het Paradijs alsook in andere plaatsen in de hemel.

Toen Jezus zei tot de geredde misdadiger, "Heden zult gij met Mij in het Paradijs zijn," verwijst "vandaag" niet naar de precieze dag dat Jezus stierf aan het kruis of naar een andere bijzondere dag. Jezus zei dat Hij zou zijn met de bekeerde misdadiger, overal waar de misdadiger was vanaf het moment dat hij een kind van God werd.

Wanneer je naar de Bijbel verwijst, ging Jezus niet naar het Paradijs na Zijn dood. In Matteüs 12: 40 zegt Jezus tot enkele farizeeërs dat *"Want gelijk Jona drie dagen en drie nachten in de buik van het zeemonster was, zo zal de Zoon des mensen in het hart der aarde zijn."* Efeziërs 4: 9 zegt, *"Wat betekent dit:*

Hij is opgevaren, anders dan dat Hij ook nedergedaald is naar de lagere, aardse gewesten?" Bovendien, zegt 1 Petrus 3: 18-19, *"Want ook Christus is eenmaal om de zonden gestorven als rechtvaardige voor onrechtvaardigen, opdat Hij u tot God zou brengen: Hij, die gedood is naar het vlees, maar levend gemaakt naar de geest, in welke Hij ook heengegaan is en gepredikt heeft aan de geesten der gevangenis."* Jezus ging naar het diepste graf en predikte het evangelie aan de geesten voordat Hij opstond op de derde dag. Waarom was dit nodig?

Voordat Jezus naar de aarde kwam, hadden vele mensen gedurende het Oude Testament en zelfs mensen in het Nieuwe Testament niet de kans om het evangelie te horen, maar ze leefden in goedheid, God aanvaardend. Betekent dit dat ze allemaal naar de hel gingen omdat ze niet wisten wie Jezus is?

God zond Zijn Enige Zoon naar deze wereld en eenieder die Hem aanneemt zal gered worden. God zou de menselijke beschaving niet begonnen zijn om alleen maar hen te redden die Jezus zouden aannemen, na Zijn kruisiging. Degene die niet de kans kregen om het evangelie te horen maar vanuit een goed geweten hebben geleefd, zullen geoordeeld worden overeenkomstig hun geweten.

Aan de ene kant, zijn de mensen met een goed hart vergaderd in de "lagere aardse gewesten". Aan de andere kant, is "Hades" de plaats waar de goddeloze zielen zullen leven tot de dag des Oordeels. Na Zijn kruisiging, ging Jezus naar de lagere, aardse gewesten en preekte het evangelie aan de geesten die het evangelie niet kenden, maar geleefd hadden met een goed geweten en die waardig waren om gered te worden. Er is geen andere naam gegeven onder de hemel, door welke de mensen gered kunnen worden, dan Jezus Christus. Daarom ging Jezus en preekte over Zichzelf aan de geesten zodat ze Hem konden aannemen en gered worden.

De Bijbel zegt, dat de zielen die gered werden voor de kruisiging van Jezus gedragen werden naar de zijde van Abraham (Lucas 16: 22), maar zijn naar Jezus' zijde gedragen na Zijn opstanding.

Redding overeenkomstig het oordeel van het bewustzijn

Voordat Jezus naar de wereld kwam om het evangelie te brengen, leefden goede mensen door het volgen van hun rechtvaardigheid in hun harten. Dat is de wet van het geweten. Goede mensen deden geen kwaad ook al gingen ze door moeilijkheden en problemen, omdat ze luisterden naar de stem van hun harten.

Romeinen 1: 20 zegt, *"Want hetgeen van hem niet gezien kan worden, zijn eeuwige kracht en goddelijkheid, wordt sedert de schepping der wereld uit zijn werken met het verstand doorzien, zodat zij geen verontschuldiging hebben."*

Door het zien van het universum en hoe alles op aarde in harmonie is, geloven mensen met goede harten dat er eeuwig leven is. Daarom leven zij niet overeenkomstig hun zondevolle natuur en ze beheersen zichzelf om niet te genieten van de wereldse pleziertjes uit vreze voor God.

Romeinen 2: 14-15 zegt *"Wanneer, toch heidenen, die de*

wet niet hebben, van nature doen wat de wet gebiedt, dan zijn dezen ofschoon zonder wet, zichzelf tot wet; immers, zij tonen, dat het werk der wet in hun harten geschreven is, terwijl hun geweten medegetuigt en hun gedachten elkander onderling aanklagen of ook verontschuldigen."

God gaf enkel de wet aan de Israëlieten, maar niet aan de heidenen. Hoe dan ook, het is alsof dat de heidenen leven door de wet wanneer ze leven overeenkomstig de wet van hun geweten die ze zelf verworven hebben en hebben toegepast. Je kan niet zeggen dat degene die niet in Jezus Christus geloven niet gered kunnen worden, omdat ze nooit het evangelie hebben gehoord in hun leven.

Onder hen die gestorven zijn zonder Jezus Christus te kennen, waren er mensen die zichzelf konden beheersen tegen de boze gedachten vanwege hun reine harten. Deze mensen zullen gered worden overeenkomstig Gods oordeel van hun geweten.

Geliefde vrouw, hier is uw zoon; hier is uw moeder

De Apostel Johannes schreef op wat hij zag en hoorde van het kruis waar Jezus aan hing. Er waren vele vrouwen aanwezig, zoals Maria, de moeder van Jezus; Salome, de zuster van Zijn moeder; Maria, de vrouw van Cleopas; en Maria Magdalena. In Johannes 19: 26-27, zei Jezus tot de droevige Maria, Zijn moeder, om te denken aan Johannes als haar zoon en zei tot Johannes om voor haar te zorgen als zijn moeder:

Toen dan Jezus Zijn moeder zag en de discipel, die Hij
liefhad, bij haar staande, zeide Hij tot Zijn moeder:
"Vrouw, zie uw zoon." Daarna zeide Hij tot de discipel:
"Zie, uw moeder." En van dat uur af nam de discipel
haar bij zich in huis.

Waarom noemde Jezus Maria "Vrouw," en niet "Moeder"?

Het woord "moeder" is niet gezegd door Jezus, maar
geschreven vanuit het perspectief van de Apostel Johannes.
Waarom dan, noemde Jezus Zijn eigen moeder, die Hem
gebaard had "vrouw"?

Wanneer je de Bijbel raadpleegt, noemde Jezus haar niet
"moeder."

Bijvoorbeeld in Johannes 2: 1-11, deed Jezus Zijn eerste
wonder van het veranderen van water naar wijn, nadat Hij Zijn
bediening begonnen was. Dit wonder gebeurde tijdens de
bruiloft van Kana, in Galilea. Jezus en Zijn discipelen waren ook
uitgenodigd voor de bruiloft. Toen de wijn op was, zei Maria tot
Hem, "Ze hebben geen wijn meer" omdat zij wist dat Hij als de
Zoon van God, Jezus in staat was om water in wijn te
veranderen. Toen zei Jezus tot haar, *"Vrouw, wat heb Ik met u*
van node? Mijn uur is nog niet gekomen." (v. 4)

Jezus antwoordde dat Zijn uur nog niet gekomen was om
Zichzelf te tonen als de Messias, ook al vond Maria het jammer
voor de gasten dat er geen wijn meer was. Water veranderen in
wijn betekent geestelijk dat Jezus Zijn bloed zou vergieten aan

het kruis.

Jezus zei over Zichzelf dat Hij gekomen is naar deze wereld als onze Redder door het goddelijke plan voor de redding van de mensheid te vervullen aan het kruis. Dus Hij noemde Maria "vrouw" en niet "moeder." Bovendien is onze Redder Jezus, God in de Drie-eenheid en de Schepper. God, de Schepper is Wie HIJ IS (Exodus 3: 14), en Hij is de Eesrte en de Laatste (Openbaringen 1: 17, 2: 8). Vandaar, heeft Jezus geen moeder, en daarom noemt Jezus haar "vrouw" en niet "moeder."

Vandaag, verwijzen vele kinderen van God naar Maria als Jezus' "heilige moeder" of maken zelfs beelden van haar en aanbidden die. Je zou moeten begrijpen dat dat absoluut verkeerd is omdat ze niet de moeder van onze Redder is (Exodus 20: 4).

Het hemelse burgerschap

Jezus troostte Maria, die in grote angst was bij Zijn kruisiging en zei tot Zijn geliefde discipel Johannes om voor Maria te zorgen alsof ze zijn eigen moeder was. Ondanks dat Jezus enorme pijnen leed aan het kruis, was Hij toch nog steeds diep bezorgd over wat er zou gebeuren met Maria na Zijn dood. Hier kan je Zijn liefde ervaren.

Door Jezus' derde woord aan het kruis, kunnen we beseffen dat we in het geloof, allemaal broeders en zusters zijn – Gods gezin. In Matteüs 12 is er een gebeurtenis waarin Jezus' familie kwam om Hem te zien. Toen Jezus verteld werd dat Zijn moeder en broeders buiten stonden te wachten op Hem, zei Hij tot de menigte:

Maar Hij antwoordde de boodschapper en zeide: "Wie is mijn moeder, en wie zijn Mijn broeders?" En Hij strekte Zijn hand uit over Zijn discipelen en zeide: "Ziedaar, mijn moeder en mijn broeders. Want al wie doet de wil Mijns Vaders die in de hemelen is, die is mijn broeder en zuster en moeder." (Matteüs 12: 48-50).

Wanneer je geloof toeneemt nadat Jezus hebt aangenomen, wordt je besef van het burgerschap van de hemel duidelijker en hou je meer van je broeders en zusters in Christus dan van je biologische familieleden. Als je familieleden geen kinderen van God zijn, kan je familie niet voor eeuwig een "familie" blijven. Je familie relatie eindigt met de dood. Wanneer ze niet geloven in Jezus Christus of niet leven in Gods wil, zullen ze naar de hel gaan, omdat het loon van de zonde, de dood is (Matteüs 7: 21).

Je zichtbare vlees wordt opnieuw stof na de dood, maar je hebt een onsterfelijke geest. Als God je geest neemt, zal je enkel een lijk zijn, wat snel verrot. God, de Schepper, formeerde de eerste mens vanuit het stof en blies de adem des levens in zijn neus, zo werd zijn geest onsterfelijk. Het is God die geboorte geeft aan je onsterfelijke geest en zorgt ervoor dat het vlees terugkeert tot stof. Daarom, is Hij je echte Vader.

Matteüs 23: 9 zegt ons *"En gij zult op aarde niemand uw vader noemen, want één is uw Vader, Hij, die in de hemelen is."* Dit betekent niet dat je de ongelovigen in je familie niet lief moet hebben. Het is juist heel belangrijk dat je hen lief hebt, hen het evangelie brengt en hen leidt tot het aannemen van Jezus Christus.

Eloi, Eloi, Lama Sabachtani?

Het was het derde uur toen Jezus gekruisigd werd aan het kruis, en vanaf het zesde uur, kwam er een duisternis over het gehele land tot het negende uur, toen Hij zijn laatste adem gaf. Om dit om te zetten naar de moderne tijdsvoorstelling, werd Hij om negen uur 's morgens gekruisigd en drie uur later, 's middags, kwam er duisternis over het gehele land tot drie uur in de namiddag.

En toen het zesde uur aangebroken was kwam er duisternis over het gehele land tot het negende uur. En op het negende uur riep Jezus met luider stem: "Eloi, Eloi, lama sabachtani?" hetgeen betekent, "Mijn God, Mijn God, waarom hebt Gij Mij verlaten?" (Marcus 15: 33-34)

Zes uur later, op het negende uur, riep Jezus het uit tot God, "Eloi, Eloi, lama Sabachtani?" Het is het vierde woord van Jezus aan het kruis.

Jezus was uitgeput, want Hij hing al zes uur aan het kruis, terwijl Zijn bloed en water uit Hem vloeide, onder de sterke, hete zon van de woestijn. Hij was helemaal uitgeput. Waarom dan, riep Hij het uit?

Alle zeven woorden van Jezus aan het kruis hebben een geestelijke betekenis. Als ze niet hoorbaar geweest waren, waren ze nuttleoos geweest. De zeven woorden waren bestemd om duidelijk opgeschreven te worden in de Bijbel, zodat iedereen de wil van God kan begrijpen.

Daarom, riep Hij de zeven woorden vanaf het kruis uit met al Zijn krachtsinspanning zodat degene rondom het kruis ze duidelijk konden verstaan en opschrijven.

Sommigen zeggen dat Jezus riep uit rancune tot God, omdat Hij naar deze wereld gekomen was in het vlees en nodeloos grote pijnen leed. Hoe dan ook, dit is absoluut niet waar.

Waarom riep Jezus uit, *"Eloi, Eloi, Lama Sabachtani?"*

De reden dat Hij naar de aarde kwam, was om de werken van duivel te vernietigen en om de deur tot redding te openen voor ons.

Dus, Jezus gehoorzaamde de wil van God tot op het punt van de dood en offerde Zichzelf helemaal. Voor Zijn kruisiging, bad Hij ernstig en Zijn zweet waren als bloeddruppels die op de grond vielen (Lucas 22: 42-44). Hij droeg Zijn last, volledig bewust van het lijden wat Hij zou moeten verdragen aan het kruis.

Hij verdroeg mishandeling en lijden aan het kruis, omdat Hij Gods plan voor de mensheid kende. Hoe dan kon Jezus boos zijn over Zijn dood? Zijn geroep was niet een smachten van verdriet of verwijten aan God. Jezus had alle reden om dat te doen.

Ten eerste, Jezus wilde aan de wereld bekend maken dat Hij gekruisigd werd om alle zondaren te verlossen van zonde.
Hij wilde dat iedereen zou begrijpen dat Hij Zijn glorie in de hemel verlaten had en dat Hij volledig genegeerd werd door God ook al was Hij de Ene en Enige Zoon van God. Hij riep het uit om iedereen te laten weten dat Hij leed onder de hevige pijn aan het kruis om alle zondaren te redden en te verlossen van zonde. De Bijbel toont ons dat Hij normaal God "Mijn Vader" noemde, maar aan het kruis noemde Hij Hem "Mijn God." Daarom nam Jezus het kruis namens zondaren en zondaren kunnen God niet "Vader" noemen.

Op dat moment, had God Jezus gedegradeerd als een zondaar, dragende alle zonde van de mensheid, en Jezus durfde God niet "Vader" te noemen. Op dezelfde wijze, noem jij God "Abba Vader" wanneer je een wederzijds liefde hebt, maar noemt Hem "God", in plaats van "Vader", wanneer je weg bent van God omdat je gezondigd hebt of een zwak geloof hebt.

God wil dat alle mensen Zijn echte kinderen worden die Hem "Vader" kunnen noemen door Jezus Christus aan te nemen en te wandelen in het licht.

Ten tweede, wilde Jezus de mensen waarschuwen die Gods wil niet kenden en nog steeds in de duisternis leefden.
God zond Zijn enige Zoon Jezus Christus naar deze wereld en stond toe dat Hij bespot en gekruisigd werd door Zijn eigen schepsels. Jezus wist waarom God Zijn Zoon gedegradeerd had,

maar de menigte die Jezus gekruisigd hadden wisten niet de wil van God. Hij riep "Mijn God, Mijn God, waarom hebt Gij Mij verlaten?" om de ontwetende de liefde van God te laten begrijpen en zich bekeren zodat ze terug mogen keren naar de weg van redding.

Ik heb dorst

In het Oude Testament zijn er een groot aantal profetieën over Jezus' lijden aan het kruis. In Psalm 69: 22 staat er, "Ja, zij gaven Mij gif tot spijze, en lieten Mij in mijn dorst azijn drinken." Zoals voorzegd in de Psalm, toen Jezus zei, "Ik heb dorst," doopten de mensen een spons in zure wijn, plaatsten de spons op een hysopstengel, en brachten die aan Jezus' lippen.

Hierna zeide Jezus, daar Hij wist, dat alles volbracht was, opdat de Schrift vervuld zou worden: "Mij dorst!"
Er stond een kruik vol zure wijn; zij staken dan een spons gedrenkt met zure wijn, op een hysopstengel, en brachten die aan Zijn mond. (Johannes 19: 28-29).

Lang voordat Jezus geboren werd in de stad Bethlehem, zag de Psalmist in een visioen dat Jezus gekruisigd zou worden en sterven aan het kruis, en schreef het op. Jezus zei, "Mij dorst", zodat de Schrift vervuld zou worden.

Laat ons overdenken wat de geestelijke betekenis is van Jezus' vijfde woord aan het kruis. "Mij dorst."

Jezus verklaart Zijn geestelijke dorst

Vele mensen kunnen honger verdragen, maar geen dorst. Jezus was helemaal uitgeput omdat Hij reeds zes uur aan het kruis genageld was en Zijn bloed vergoot onder de hete zon van de woestijn. De mate van Zijn dorst gaat onze verbeelding te boven.

Dit is niet om te zeggen dat Jezus Zijn dorst niet meer kon uithouden toen Hij zei, "Mij dorst." Hij wist dat Hij spoedig in vrede zou terug keren tot God.

In feite, had Hij meer pijn van de geestelijke dorst dan van de lichamelijke dorst. Dit is Jezus' sterke verlangen voor Gods kinderen: "Ik heb dorst, want Ik heb Mijn bloed vergoten. Verlicht Mijn dorst door te betalen voor Mijn bloed."

Er zijn tweeduizend jaar voorbij gegaan sinds de dood van Jezus aan het kruis, maar Hij zegt ons nog steeds dat Hij dorst heeft. Zijn dorst kwam voort vanuit het vergieten van Zijn bloed. Hij vergoot Zijn bloed om jou zonden te vergeven en om jou eeuwig leven te geven.

Jezus zegt je dat Hij dorstig is, om jou Zijn gewilligheid te laten zien om die verloren zielen te redden. Daarom, moeten Gods kinderen die gered zijn door Jezus' bloed, Zijn bloed vergoeden. De wijze waarop je betaald voor Zijn bloed en Zijn dorst lest, is door mensen van hun onwetende weg naar de hel, te leiden naar de hemel.

Daarom, moet je dankbaar zijn aan Jezus, die Zijn bloed vergoot en nu Zijn dorst lessen door mensen te leiden naar de weg van redding.

Het is volbracht

In Johannes 19: 30, krijgt Jezus drinken en zegt, "Het is volbracht" en boog Zijn hoofd en gaf Zijn Geest. Jezus aanvaardde de spons op de hysopstengel, niet omdat Hij de dorst niet meer kon weerstaan. Er is een geestelijke betekenis achter Zijn handeling.

De reden dat Jezus vlees werd in deze wereld was om gekruisigd te worden voor de zonden van de mensheid. In Zijn grote liefde voor ons, vervulde Jezus de wet van het Oude Testament en nam alle zonden en vloeken van de mensheid op Zich. Ten tijde van het Oude Testament, offerden mensen het bloed van dieren aan God, als ze gezondigd hadden. Hoe dan ook, Jezus maakte een offer voor alle zonden in een keer door Zijn bloed te vergieten (Hebreeën 10: 11-12). Dus, je zonden zijn vergeven toen je Jezus Christus aan nam, omdat Hij je al verlost had. Verlossende genade door Jezus Christus verwijst naar nieuwe wijn, en Hij dronk zure wijn om ons nieuwe wijn te geven.

De geestelijke betekenis van het woord "Het is volbracht"

Jezus zei: "Het is volbracht" en gaf Zijn geest. Wat betekent dit geestelijk?

Jezus werd vlees, kwam naar de aarde, preekte het evangelie, genas alle zwakheden en ziektes, en opende de weg tot redding, door het kruis te nemen voor allen die bestemd waren voor de dood.

Hij vervulde de wet van het Oude Testament met liefde toen Hij Zichzelf offerde tot op het punt van de dood. Ook, overwon Hij de duivel volledig, door het werk van de duivel te vernietigen. Dat wil zeggen, Hij vervulde het goddelijke plan voor de redding van de mensheid. Daarom zei Jezus aan het kruis, "Het is volbracht."

God wil dat Zijn kinderen alles vervullen door te leven overeenkomstig de wil van God, net zoals Zijn Ene en Enige Zoon Jezus alle voorzieningen van redding vervuld heeft door te gehoorzamen aan de Vader tot op het punt van Zijn leven te offeren overeenkomstig de wil en het plan van God.

Dus, je moet eerst het hart van de Heer navolgen door geestelijke liefde te verkrijgen: de negen vruchten van de Heilige Geest dragen (Galaten 5: 22-23) en de Zaligspreking te vervullen (Matteüs 5: 3-10). Daarna moet je getrouw zijn aan het werk wat de Here jou gegeven heeft om te doen. Je moet zoveel mogelijk mensen leiden naar de Here door ernstig te bidden, het evangelie te verkondigen en de kerk te dienen.

Ik hoop dat een ieder van jullie, Gods kostbare kinderen, de wereld zullen overwinnen met standvastig geloof, hoop voor de hemel en liefde voor God, en zullen belijden, "Het is volbracht" door God en Zijn wil te gehoorzamen zoals onze Here Jezus Christus heeft getoond.

Vader, in Uw handen beveel Ik Mijn Geest

Tegen de tijd dat Hij Zijn laatste woorden uitsprak aan het kruis, was Jezus volledig uitgeput. In deze staat, riep Jezus met een luidde stem, "Vader, in Uw handen beveel Ik Mijn geest."

En Jezus riep met luider stem: "Vader, in Uw handen beveel Ik Mijn geest." En toen Hij dat gezegd had, gaf Hij Zijn geest. (Lucas 23:46).

Je hebt misschien opgemerkt dat Jezus God nu "Vader" noemt, in plaats van "Mijn God." Dit toont aan dat Hij nu Zijn opdracht volbracht heeft als een verzoenoffer.

Jezus gaf Zijn geest en ziel aan God

Waarom gaf Jezus, die naar de aarde kwam als onze Redder, Zijn geest en ziel in de handen van Zijn Vader?

De mens bestaat uit geest, ziel en lichaam (1 Tessalonissenzen 5: 23). Wanneer hij sterft verlaten zijn geest en ziel zijn lichaam. Zijn geest en ziel zullen terug keren tot God als hij een kind van God is. En anders, zal zijn geest en ziel naar de hel gaan (Lucas 16: 19-31). Zijn lichaam wordt begraven en keert terug tot stof.

Jezus, de Zoon van God, werd vlees en kwam in deze wereld. Hij had een geest, ziel en lichaam net zoals wij. Toen Hij gekruisigd werd, stierf Zijn lichaam, maar niet Zijn geest en ziel;

Hij gaf Zijn geest en ziel in de handen van God.

God ontvangt beiden, je ziel en lichaam, als je sterft. Als God alleen de geest zou ontvangen en niet de ziel, zou je nooit echt geluk ervaren in de hemel of dankbaar kunnen zijn vanuit het diepst van je hart. Waarom? Je zal de dingen die vanuit de ziel komen zoals tranen, zorgen, lijden niet meer herinneren die je op de aarde hebt verdragen. Daarom ontvangt God beiden de geest en de ziel.

Waarom, gaf Jezus Zijn geest en ziel over aan God? Dat is omdat God de Schepper is, die over alles in het universum regeert en zorgt voor het leven, de dood, vloek en zegen. Dat wil zeggen, dat alles God toe behoort en onder Zijn soevereiniteit is. God is de Enige die jou gebeden beantwoordt. Dus, Jezus zelf moest bidden om Zijn geest en ziel over te geven aan Vader God (Matteüs 10: 29-31).

Jezus bad met een luidde stem

Waarom bad Jezus met een luidde stem, ondanks dat Hij in hevig lijden was, zeggende, "Vader, in Uw handen beveel Ik mijn geest"?

Hij deed dit omdat Hij wilde dat de mensen hoorden en hen laten weten dat uitroepen in gebed Gods wil was. Zijn gebed om Zijn geest te geven aan God, was net zo ernstig als Zijn gebed in Getsemane, kort voor Zijn gevangenneming.

Ook, bewijst Jezus' gebed, "Vader, in Uw handen beveel Ik mijn geest," dat Jezus alles vervuld had overeenkomstig Gods wil. Dus, nu kon Hij Zijn geest op een trotse manier geven aan God nadat Hij Zijn werk volbracht had in volledige gehoorzaamheid aan God.

De apostel Paulus beleed, *"Ik heb de goede strijd gestreden, ik heb mijn loop ten einde gebracht, ik heb het geloof behouden; voorts ligt voor mij gereed de krans der gerechtigheid, welke ten dien dage de Here, de rechtvaardige rechter, mij geven zal, doch niet alleen mij, maar ook allen, die Zijn verschijning hebben liefgehad."* (2 Timoteüs 4: 7-8). Diaken Stefanus leefde ook overeenkomstig de wil van God en behield het geloof. Daarom kon hij bidden, "Heer Jezus, ontvang mijn geest", terwijl hij zijn laatste adem gaf. (Handelingen 7: 59). De apostel Paulus en Stefanus konden niet gebeden hebben op deze wijze als ze een werelds leven hadden geleefd, in het najagen van de pleziertjes naar de zondevolle natuur.

Op gelijke wijze, kan je trots zeggen, "het is volbracht" en "Vader, in Uw handen beveel ik mijn geest," zoals Jezus dat deed, als je enkel geleefd hebt overeenkomstig de wil van God, de vader.

Wat gebeurde er na de dood van Jezus?

Jezus stierf aan het kruis na Zijn laatste woorden met een luidde stem. Het was op het negende uur (drie uur in de namiddag). Ondanks dat het dag was, kwam er een duisternis over het gehele land vanaf het zesde uur (middag) tot het negende uur en het voorhangsel van de tempel scheurde middendoor (Lucas 23: 44-45).

En zie, het voorhangsel van de tempel scheurde van
boven naar beneden in tweeën, en de aarde beefde, en
de rotsen scheurden, en de graven gingen open en vele
lichamen der ontslapen heiligen werden opgewekt. En
zij gingen uit de graven na zijn opstanding en kwamen
in de heilige stad, waar zij aan velen verschenen
(Matteüs 27: 51-53).

Er is een belangrijke geestelijke betekenis in de zin, "Het
voorhangsel scheurde van boven naar beneden in tweeën." Het
lange gordijn van de tempel was om het Heilige te scheiden van
het Heilige der Heiligen. Niemand kon de Heilige plaats
binnengaan, behalve de priester en alleen de Hogepriester kon
het Heilige der Heiligen, één keer per jaar binnengaan.

Het scheuren van het voorhangsel van de tempel verwijst dat
Jezus Zichzelf offerde als een vrede offer om de muur van de
zonde neer te halen. Voordat het voorhangsel in tweeën
scheurde, gaf de hogepriester een zonde offer namens het volk en
trad op als een bemiddelaar tussen hen en God.

Je kan een rechtstreekse relatie hebben met God, omdat de
muur van zonde naar beneden gehaald is door Jezus' dood. Dus,
een ieder die gelooft in Jezus Christus kan het heiligdom
binnengaan en aanbidden en tot God bidden zonder de
bemiddeling van een hogepriester of profeten.

Daarom maakt de auteur van Hebreeën de opmerking,
"Daar wij dan, broeders, volle vrijmoedigheid bezitten om in
te gaan in het heiligdom door het bloed van Jezus, langs de

nieuwe en levende weg, die Hij ons ingewijd heeft, door het voorhangsel, dat is, zijn vlees." (Hebreeën 10: 19-20).

Bovendien, beefde de aarde en scheurden de rotsen. Al deze onnatuurlijke gebeurtenissen, laten je zien dat de hele wereld geschud werd. Het was een voorstelling van Gods verdriet veroorzaakt door de goddeloze mensen. God drukte Zijn diepe pijn uit, omdat het hart van de mensen zo verhard was, om Jezus Christus aan te nemen, ondanks dat Hij Zijn enige Zoon gegeven had om hen te redden.

Graven braken open en de lichamen van vele heiligen die gestorven waren, kwamen weer tot leven. Het is het bewijs van de opstanding dat een ieder die in Jezus Christus gelooft vergeven is en opnieuw leeft.

Daarom, hoop ik, dat je de geestelijke betekenis mag begrijpen en de liefde van de Here in Zijn laatste zeven woorden aan het kruis, zodat je een overwinnend Christelijk leven mag leiden, verlangende naar de wederkomst van de Here zoals de voorvaders van het geloof.

Hoofdstuk 8

WAAR GELOOF EN EEUWIG LEVEN

- Wat een groot geheim is dit!
- Valse belijdenis leidt niet tot redding
- Het vlees en het Bloed van de Zoon
  des mensen
- Vergeving enkel door in het licht te
  wandelen
- Geloof met werken is echt geloof

Wie mijn vlees eet en mijn bloed drinkt, heeft eeuwig leven en Ik zal hem opwekken ten jongsten dage. Want mijn vlees is ware spijs en mijn bloed is ware drank. Wie mijn vlees eet en mijn bloed drinkt, blijft in Mij en Ik in hem. Gelijk de levende Vader Mij gezonden heeft en Ik leef door de Vader, zo zal ook hij, die Mij eet, leven door Mij.

Johannes 6: 54-57

Het uiteindelijke doel van het geloven in ezus Christus en het bezoeken van de kerk is om gered te worden en om eeuwig leven te krijgen. Vele mensen echter denken dat ze gered zouden zijn door alleen maar naar de kerk te gaan op Zondag en te zeggen dat ze in Jezus Christus geloven, zonder overeenkomstig Gods woord te leven.

Natuurlijk staat er in Galaten 2: 16, *"Wetende, dat de mens niet gerechtvaardigd wordt uit werken der wet, maar door het geloof in Christus Jezus, zijn ook zelf tot het geloof in Christus Jezus gekomen, om gerechtvaardigd te worden uit het geloof in Christus en niet uit werken der wet. Want uit werken der wet zal geen vlees gerechtvaardigd worden".* Je kan de hemel niet binnen gaan of gerechtvaardigd worden door alleen maar de wet oppervlakkig te kennen, vooral als je hart gevuld is met slechtheid. Je hebt geen relatie met Jezus Christus als je blijft zondigen en Gods woord niet volgt, zelfs nadat je het geleerd hebt.

Daarom moet je begrijpen dat het moeilijk is voor je om gered te worden door met je lippen te doen alsof je gelooft. Het bloed van Jezus Christus reinigt je van je zonden als je wandelt in het licht en leeft in de waarheid. Je moet waar geloof hebben samen met daden (1 Johannes 1: 5-7).

Laten we nu eens in detail overdenken hoe we waar geloof

hebben om de gehele redding en eeuwig leven te ontvangen als ware kinderen van God.

Wat een groot geheim is dit!

In Efeziërs 5: 31-32 staat, *"Daarom zal een man [zijn] vader en [zijn] moeder verlaten en zijn vrouw aanhangen, en die twee zullen tot één vlees zijn. Dit geheimenis is groot, doch ik spreek met het oog op Christus en [op] de gemeente"*.

Het is een normaal gebruik dat mensen hun ouders verlaten en samen zijn met hun man of vrouw als ze opgroeien. Waarom zegt God dan dat dit een groot geheimenis is? Maar als je dit vers letterlijk uitlegt en begrijpt zou je niet weten wat dit "grote geheimenis" is, maar als je de geestelijke bedoeling er achter bedenkt zal je met vreugde gevuld worden.

De "kerk" hier betekent, de kinderen van God die de Heilige Geest ontvangen hebben. God, legt namelijk, de relatie tussen Jezus Christus en gelovigen uit zoals een man en vrouw samen komen.

Hoe kunnen we de wereld achter laten en verenigd zijn met onze bruidegom, Jezus Christus?

Als je Jezus Christus aanneemt door geloof

Sinds de eerste mens Adam, zonde bedreef door ongehoorzaam te zijn aan God, kwam de zonde deze wereld binnen. Al zijn afstammelingen werden slaven van de zonde en kinderen van de vijand, duivel die over deze wereld heerst.

Je wordt geacht tot deze wereld te behoren en tot de vijand duivel, die de kracht heeft van de wereld der duisternis, voordat je Jezus Christus aan nam. Dit wordt bevestigd door Johannes 8: 44 dat zegt, *"Gij hebt de duivel tot vader en wilt de begeerten van uw vader doen. Die was een mensenmoorder van den beginne en staat niet in de waarheid, want er is in hem geen waarheid. Wanneer hij de leugen spreekt, spreekt hij naar zijn aard, want hij is een leugenaar en de vader der leugen."* Als je Jezus Christus echter aanneemt als je Redder en tot het licht komt, krijg je de autoriteit als kind van God en word je bevrijd van je zonden, omdat je zonden zijn vergeven door het bloed van Jezus Christus.

Als je het geloof hebt dat Jezus je vrij gekocht heeft van je zonden door Zijn kruis te dragen, geeft God je de Heilige Geest als een gift, en de Heilige Geest geeft geboorte aan de geest in je hart. De Heilige Geest vertelt je en onderwijst je hoe je te gedragen en te leven in waarheid.

Zo word je een kind van God, geleid door de Heilige Geest, door Hem roep je uit "Abba Vader" (Romeinen 8: 14-15), en erf je het koninkrijk der hemelen.

Hoe geweldig en wonderbaar is het dat de kinderen van de duivel die eens in de eeuwige dood overgeleverd waren, kinderen van God geworden zijn die nu door geloof naar de hemel geleid worden.

Als je verenigd bent met Jezus Christus door geloof in Hem, komt de Heilige Geest in je hart en is verenigd met het zaad des levens. God schiep de eerste mens van het stof en blies in zijn neus de levensadem. De levensadem is het levenszaad, het leven zelf. Dus het kan nooit sterven en het is gekomen en neergedaald door het sperma en de eitjes van menselijke wezens, van de ene generatie naar de volgende.

Dit zaad des levens is ingepakt door het hart. Nadat God Adam geschapen had, plantte Hij de kennis van leven, de kennis van de geest in zijn hart. De weg die een nieuw geboren baby zal moeten leren, de kennis van deze wereld, om een mens te zijn van cultuur en karakter en te leven als een mens. Een levend wezen heeft de kennis nodig van het leven om een echt levend wezen te worden ook al heeft het dat al uit zichzelf.

Eens was Adam alleen gevuld met de kennis van de geest, namelijk de waarheid. Nadat hij echter ongehoorzaam was aan God, was de communicatie met God verbroken. Hij raakte de kennis van de geest beetje bij beetje kwijt en leugen kwam in zijn hart. Vanaf die tijd was het hart alleen gevuld geweest met de kennis van de geest, en werd het gevuld met twee dingen: waarheid en leugen. Bijvoorbeeld, Adam had liefde in zijn hart, maar de vijand duivel plaatste een leugen, genaamd haat in hem. Met als gevolg, zoals je kan zien in Genesis 4, Kain aan wie Adam geboorte gegeven had, nadat hij gezondigd had, doodde zijn broer Abel vanwege haat en jaloezie.

Na verloop van tijd begon er zich iets anders in het hart, wat gevuld was met waarheid en leugen, te ontwikkelen. Dat deel heet "natuur". Je erft de karaktertrekken van je ouders. Je neemt dat wat je ziet, hoort en leert met wat je voelt samen op in je geest. Deze twee vormen de "natuur" in het najagen van de waarheid.

Deze natuur wordt vaak geweten genoemd en die wordt gevormd op een verschillende manier, afhankelijk van mensen die je ontmoet, soort boeken dat je leest, en onder wat voor omstandigheden je opgroeit. Bijvoorbeeld als je naar hetzelfde voorbeeld of persoon kijkt zullen sommigen zeggen, "Het is slecht", terwijl anderen zullen zeggen "het is goed", of "het is genade".

Daarom als je iemands hart onderzoekt is er een goed deel dat God toebehoord en een slecht deel dat door satan gegeven is, en iemands natuur wordt gevormd als gevolg van deze twee delen.

De Heilige Geest verenigt met het levenszaad in het hart

In het geval van Adam, omhulden deze drie delen het levenszaad dat door God in het hart gegeven was. Deze toestand ontstond toen Gods woord "Je zal voorzeker sterven" vervuld werd nadat Adam van de boom van kennis van goed en kwaad gegeten had. Zelfs als er het levenszaad is, maakt het geen verschil of je dood bent omdat het niet werkt.

Bijvoorbeeld, als je zaad zaait op een veld, zal niet al het zaad ontkiemen omdat een beetje reeds dood is. Want als het zaad levend is zal het zeker ontkiemen.

Het is hetzelfde met menselijke wezens. Als het zaad des levens dat gegeven is door God helemaal dood is, kan het niet herleven, en is er ook geen noodzaak voor God om Jezus Christus voor te bereiden voor de redding, of om een hemel en hel te maken.

Echter het zaad dat gegeven werd aan de mens, toen God de levensadem in hem blies, is voor eeuwig. Als je het evangelie ontvangt, herleeft het zaad des levens; hoe groter het ware deel in je hart is, hoe gemakkelijker je het Evangelie kan aannemen. Iedereen die naar de boodschap van het kruis luistert en Jezus Christus aanneemt, ontvangt de Heilige Geest. Op dat moment wordt het zaad des levens in je hart verenigd met de Heilige Geest.

Daar tegenover, mensen met een afgestompt geweten als dat van heet ijzer, hebben geen ruimte om op het Evangelie in te gaan. Omdat het hart geheel gevuld is met leugen en het zaad des levens in hun hart verborgen houdt. Het zaad des levens dat in de toestand van dood is, verkrijgt kracht om te doen waar het voor is, als het samen gaat met Gods kracht, de Heilige Geest.

Een mens van Geest worden.

Als je aanbiddingssamenkomsten bezoekt, herinner je Gods woord en bidt, en Gods zalving en grote kracht komt op je en stelt je in staat de natuur van de Heilige Geest te volgen.

Door dit proces worden je hart en geest één, als je hart meer en meer eerlijk wordt door de leugen er uit weg te doen, en te vullen met de waarheid. Als iemands hart geheel gevuld is met de kennis van geest en waarheid, is dit hart zelf zoals de eerste mens Adam geweest is.

Ook al mag je dan gelovig lijken, je handelt overeenkomstig je natuur als je niet bid. De Heilige Geest in je kan geen geboorte

geven aan je geest en je bent nog steeds een mens van vlees.
Bovendien kan je de natuur van de Heilige Geest niet volgen als
je je eigen gedachten en argumenten niet doorbreken, zelfs als je
dagelijks heel ijverig en gedurende lange tijd bidt. Daarom kan je
niet veranderd worden in een mens van de geest.

De Heilige Geest laat je denken overeenkomstig de waarheid
in je hart. Dat wil zeggen je leeft volgens de verlangens van de
Heilige Geest. Satan werkt op dezelfde manier om je naar de
ondergang te leiden, om je te verleiden om het vlees te volgen
zoals je reeds de leugen in je hart hebt.

Daarom moet je van allebei af, vleselijke gedachten en
zelfrechtvaardiging, zoals in 2 Korintiërs 10: 5 staat, *"Zodat we
de redeneringen en schans, die opgeworpen wordt tegen de
kennis van God, slechten, elk bedenksel als krijgsgevangene
brengen onder de gehoorzaamheid aan Christus."*

Als je aan Gods woord gehoorzaamt door te zeggen, "Ja" en
de verlangens van de Heilige Geest volgt, kan je hart slechts
gevuld zijn met de waarheid, en dan kan je een geheiligd mens
van de geest zijn.

Je kan ontvangen wat je vraagt

Je kan één worden met God als je met alle leugen en
"zelfrechtvaardiging" afrekent, door geboorte te geven aan de
geest door de Heilige Geest, en maak je hart even rein als dat van
je Heer Jezus Christus.

Een man en een vrouw worden één vlees en geven geboorte
aan een baby door de eenwording van sperma en een eitje. Op

dezelfde manier, als je uit de wereld komt en één wordt met Jezus Christus, je bruidegom door Hem aan te nemen, zal je geboorte geven aan de geest met de Heilige Geest en overvloedig de zegen ontvangen van het zijn van een kind van God.

Zoals in Romeinen 12: 3 staat zijn er mate van geloof en je krijgt naar deze mate. In 1 Johannes 2: 12 en verder wordt de groei van geloof vergeleken met het groeien van mens zijn.

Zij die Jezus Christus aannemen, ontvangen de Heilige Geest en zijn gered en hebben het geloof van kleine kinderen. (1 Johannes 2: 12) Zij die geloof in actie proberen te zetten hebben het geloof van kinderen, (1 Johannes 2: 13). Als ze opgroeien van dit stadium, en werkelijk hun geloof in actie zetten, hebben ze het geloof van jongeren, (1 Johannes 2: 13). Als ze nog meer op groeien hebben ze het geloof van vaders, (1 Johannes 2: 13).

Als je leest over Job in het Oude Testament, erkent God hem als een onberispelijk en eerlijk mens maar als de Satan uit gaat dagen, laat God Satan toe Job te testen. Allereerst houdt Job vol eerlijk te zijn. Echter, spoedig realiseerde hij zijn zwakheid en bekeerde zich voor God toen het slechte in zijn natuur openbaar kwam door de test. Jobs zelfrechtvaardiging werd gebroken en zijn hart werd rechtvaardig en eerlijk in Gods ogen. Alleen hierdoor kon God hem dubbel zegenen.

Dus, als je de mate van geloof zoals de vader ontvangt, wat de hoogste trap van geloof is, door je eigen zelfrechtvaardiging af te breken en één te worden met de Here kan je de overvloed van zegeningen als kind van God ontvangen. Dit is wat God je beloofd heeft in 1 Johannes 3: 21-22. *"Geliefden, als ons hart ons niet veroordeelt, hebben wij vrijmoedigheid tegenover*

God, en ontvangen wij van Hem al wat wij bidden, daar wij zijn geboden bewaren en doen wat welgevallig is voor zijn aangezicht."

Je kan genieten van de zegeningen als een kind van God

Op deze manier word je één met Jezus Christus naar mate je geestelijk wordt. Je ontvangt ook de zegen om één te worden met God voor zover je Gods gerechtigheid nakomt.

Jezus beloofde je in Johannes 15: 7 dat *"Indien gij in Mij blijft en mijn woorden in u blijven, vraagt wat gij maar wilt, en het zal u geworden.* Ook in Johannes 17: 21 zegt Hij ons: *"opdat zij allen een zijn, gelijk Gij, Vader, in Mij en Ik in U, dat ook zij in Ons zijn; opdat de wereld gelove, dat Gij Mij gezonden hebt."*

Dus, als je verenigd bent met de Here door uit deze wereld te gaan die door de duistere krachten van de duivel beheerst wordt, word je één met je Vader God. Hierover lees je in Galaten 4: 4-7 het volgende:

Maar toen de tijd gekomen was zond God zijn Zoon, geboren uit een vrouw en onderworpen aan de wet, maar gezonden om ons vrij te kopen van de wet opdat wij zijn kinderen zouden worden. En omdat u zijn kinderen bent, heeft God ons de Geest van zijn Zoon gegeven, die 'Abba, Vader' roept. U bent nu geen slaven meer, u bent kinderen van God en als zijn kinderen bent u erfgenamen, door de wil van God.

De manier waarop mensen bezittingen erven van hun ouders, erf je het koninkrijk van God als je een kind van God wordt door Jezus Christus aan te nemen. Dus de kinderen van de Duivel erven de hel van de duivel en de kinderen van God erven de hemel van God.

Je moet er echter op letten, dat degene die geen geboorte geven aan de geest door de Heilige Geest, naar de hel moeten gaan, omdat de hemel een zuivere plaats is, die alleen gevuld is met waarheid en dat naar mate, je geest voorspoedig is en één wordt met God, krijg je de glorie door dichter bij God te verblijven in de hemel.

Daarom, hoop ik dat je de zegen van het eeuwige leven mag ontvangen door Jezus Christus aan te nemen als je bruidegom en één mag worden met de Heer Jezus en de Vader God door elke leugen en zelfrechtvaardigheid weg te doen. Op deze wijze kan je alle glorie aan God geven.

Valse belijdenis leidt niet tot redding

Jezus Christus wordt je echte bruidegom, die je leidt op de weg van het eeuwige leven en zegeningen, wanneer je in eenheid bent met Hem door geloof. Als je lijkt op het hart van Jezus Christus, je bruidegom, en volmaakt geloof verwerft, zal je niet alleen het Koninkrijk van de hemel beërven, maar zal je daar ook stralen als de zon.

Wanneer je de Bijbel nauwkeurig leest, zal je zien dat

sommige mensen die beweren dat ze in God geloven, niet gered zijn. In Matteüs 25, is er een gelijkenis van de tien maagden. De vijf wijze maagden, die olie hadden voorbereid, waren gered, maar de vijf dwaze maagden konden niet gered zijn.

Op gelijke wijze, vertelt God duidelijk in de Bijbel wie gered en niet gered kan worden, ook al beweren ze allemaal dat ze geloof hebben. Je zou dan weten wat voor een leven je moet leven om gered te zijn.

Er staat heel duidelijk in Matteüs 7: 21 *"Niet een ieder, die tot Mij zegt: Here, Here, zal het Koninkrijk der hemelen binnengaan, maar wie doet de wil mijns Vaders, die in de hemelen is."* Wanneer je Jezus 'Here, Here' noemt, betekent dat, dat je gelooft dat Jezus de Christus is. Hoe dan ook, je kan niet gered worden door alleen de naam van de Here te roepen en naar de kerk te gaan op zondag.

Boosdoeners kunnen niet gered worden

God vertelt je over het oordeel in Matteüs 13: 40-42:

Zoals nu het onkruid verzameld wordt en met vuur verbrand, zo zal het gaan bij de voleinding der wereld. De Zoon des mensen zal zijn engelen uitzenden en zij zullen uit zijn Koninkrijk verzamelen al wat tot zonde verleidt en hen, die de ongerechtigheid bedrijven, en zij zullen hen in de vurige oven werpen; daar zal het geween zijn en het tandengeknars.

Wanneer een boer oogst, verzamelt hij de koren in zijn schuren, maar het kaf verbrandt hij met vuur. Op dezelfde manier, vertelt God je dat degene die niet recht wandelen in Gods ogen, straf zullen krijgen.

"Allen die anderen ten val hebben gebracht" verwijst naar al degene die beweren dat ze in God geloven, maar hun broeders en zusters in het geloof verzoeken en er voor zorgen dat ze hun geloof verliezen. Dus, je zal niet gered worden als je anderen mensen laat zondigen en kwaad doen.

Wat, dan, is kwaad? 1 Johannes 3: 4 zegt dat *"Ieder, die de zonde doet, doet ook de wetteloosheid, en de zonde is de wetteloosheid."*

Net zoals ieder land zijn eigen wetten heeft, is er ook een geestelijke wet in Gods koninkrijk. De wet van de geestelijke wereld is Gods woord, geschreven in de Bijbel. Iedereen die het Woord van God overtreedt, is net zo veroordeeld als iemand die de wet breekt, en wordt vervolgt overeenkomstig die wet. Daarom, is het Woord van God overtreden kwaad en zonde.

Gods wet kan onderverdeeld worden in vier grote categorieën: "Doe," "Doe niet," "onderhoud" en "werp af." Omdat God licht is, vertelt Hij Zijn kinderen te doen wat recht is, niet te doen wat verkeerd is, je plichten als kinderen van God te onderhouden en te verwerpen dat wat God verafschuwt, omdat Hij wil dat Zijn kinderen in het licht leven.

In Deuteronomium 10: 12-13 spoort God ons aan, *"Nu dan, Israël, wat vraagt de HERE, uw God, van u dan de HERE, uw God, te vrezen door in al zijn wegen te wandelen; Hem lief te hebben; de HERE, uw God, te dienen met uw ganse hart en met uw ganse ziel; de geboden en de inzettingen des HEREN, die ik u heden opleg, te onderhouden, opdat het u wèl ga?"* Aan de ene kant, zal je Gods zegeningen ontvangen als je Gods Woord uitvoert. Aan de andere kant, zal je eeuwige dood ontvangen, vanwege het boze en de zonde, als je niet doet Zijn Woord.

Galaten 5: 19-21 geeft de kenmerken van de werken van het vlees weer:

Het is duidelijk, wat de werken van het vlees zijn: hoererij, onreinheid, losbandigheid, afgoderij, toverij, veten, twist, afgunst, uitbarstingen van toorn, zelfzucht, tweedracht, partijschappen, nijd, dronkenschap, brasserijen en dergelijke, waarvoor ik u waarschuw, zoals ik u gewaarschuwd heb, dat wie dergelijke dingen bedrijven, het Koninkrijk Gods niet zullen beërven.

"Hoererij" verwijst naar allerlei soorten van seksuele onreinheid en niet blijvende kuisheid, inclusief het hebben van een seksuele relatie voor het huwelijk. "Onreinheid" betekent hier bandeloze handelingen verder dan het normale verstand, als resultaat van de zondevolle natuur.

"Losbandigheid" is wanneer je altijd je zondevolle, seksuele immoraliteit volgt en leeft door overspelige woorden en daden. "Afgoderij" is het aanbidden van voorwerpen die gemaakt zijn van goud, zilver, brons of een andere substantie, of wanneer je iets meer liefhebt dan God. "Toverij" is iemand te verlokken met gewiekste leugens. "Veten" is het verlangen om anderen te vernietigen in vijandschap, het tegenovergestelde van liefde. "Twist" verwijst naar de handeling van strijden om eigen voordeel en autoriteit te zoeken. "Afgunst" is iemand anders haten omdat je voelt dat hij beter is dan jij. "Uitbarstingen van toorn" betekent niet dat je boos bent, maar dat je schade veroorzaakt aan anderen door je buitensporige boosheid.

"Tweedracht" verwijst naar een afgescheiden groep of tak en je volgt de werken van satan, omdat je niet overeenstemt met anderen. "Tweedracht" is een partij maken en je afscheiden door je eigen gedachten te volgen, niet de gedachten van de Heilige Geest. "Partijschappen" verwijst naar het verloochenen van God, de Drie-eenheid en Jezus die in het vlees kwam, Zijn bloed vergoot om de mensheid te redden en de Christus werd.

"Nijd" is het vernietigen of dragen van schadelijke handelingen tegen iemand vanwege jaloezie. "Dronkenschap" is de handeling van het drinken van alcohol, en "Brasserijen" betekent niet alleen maar dronken zijn, genotzuchtig leven en gebrek aan controle hebben, maar ook het falen in het volbrengen van je verplichtingen als een echtgenoot en een ouder. Bovendien, "en dergelijke dingen" betekent dat er vele zondevolle handelingen zijn die op deze gelijken, en zij die deze handelingen doen zullen niet gered zijn.

Zonde die tot de dood leiden en zonden die dat niet doen

In deze wereld, is "zonde" geacht als een "zonde", wanneer het resultaat van die zonde, duidelijke en lichamelijke beschadiging brengt aan een andere partij, ondersteunt wordt door betrouwbaar bewijs. Hoe dan ook, God, die licht is, zegt ons dat niet alleen zondevolle daden, maar ook alle duisternis die tegen het licht is, zonde is.

Ook al zijn ze niet getoond of getuige van, alle zondevolle verlangens in je hart zoals haat, nijd, jaloezie, begeerte, oordelen van anderen, veroordelen, harteloosheid, en oneerlijke gedachten, zijn kwaad en ook zonden.

Daarom zegt God ons, *"Maar Ik zeg u: Een ieder, die een vrouw aanziet om haar te begeren, heeft in zijn hart reeds echtbreuk met haar gepleegd."* (Matteüs 5: 28), en *"Een ieder, die zijn broeder haat, is een mensenmoorder en gij weet, dat geen mensenmoorder eeuwig leven blijvend in zich heeft."* (1 Johannes 3:15). Bovendien, staat er in Romeinen 14: 23, *"Maar wie twijfelt, wanneer hij eet, is veroordeeld, omdat hij het niet uit geloof doet. En al wat niet uit geloof is, is zonde."* en Jakobus 4: 17 zegt dat *"Als iemand dan weet goed te doen en het niet doet, is het hem tot zonde."* Daarom zou je moeten beseffen dat het zonde en wetteloosheid is, als je niet doet wat God wil en beveelt.

Hoe dan ook, zullen alle mensen sterven als ze deze zonden doen? Je moet beseffen dat je door geloof moet leven, en wanneer iemand zou willen liegen, hij eerst bid en zo probeert om een waarheidlievend persoon te worden. Ook al hebben ze niet alle leugen weg gedaan uit hun hart, vanwege hun zwakke geloof, is het niet zo dat ze dan niet gered zullen zijn, vanwege deze zonde.

1 Johannes 5: 16-17 zegt ons, *"Als iemand zijn broeder ziet zondigen, een zonde niet tot de dood, moet hij bidden en God zal hem het leven geven, hun namelijk, die zondigen niet tot de dood. Er bestaat zonde tot de dood: daarvoor zeg ik niet, dat hij moet vragen. Alle ongerechtigheid is zonde, en er bestaat zonde niet tot de dood."* Zonde zijn grotendeels onder te verdelen in twee categorieën: de ene leiden tot de dood en de anderen leiden niet tot de dood. Degene die zonden doen die niet tot de dood leiden, kunnen gered worden als je hen bemoedigt, voor hen bidt, en hen helpt om zich te bekeren van hun zonden. Maar, wanneer iemand een zonde doet die tot de dood leidt, kan hij niet gered worden ook al bidt je voor hem.

Mensen verkiezen soms een leugen voor bestwil in plaats van eerlijkheid, of doen vele bedriegelijke daden, ook al beschadigen de daden op zich geen andere mensen. Je komt tot de erkenning dat je een zondaar was, toen je de waarheid besefte, ook al dacht je dat je een rechtvaardig leven had geleefd, voordat je in God geloofde. God toont je niet alleen de zonde die gezien kunnen worden, maar ook de boze gedachten in je harten, wat allemaal zonden zijn.

Alle overtredingen zijn zonden en het loon van de zonde is de dood. Hoe dan ook, Jezus Christus heeft al je zonden vergeven in het verleden, heden en de toekomst door Zijn bloed te vergieten aan het kruis. Er zijn zonden die vergeven kunnen worden door de kracht van het bloed van Jezus, wanneer je je ervan bekeert en afkeert. Dit zijn de zonden die niet tot de dood leiden. Als je je niet bekeert, maar verder blijft zondigen, zal je geweten verhard worden. Dan, kan je uiteindelijk, niet de geest van bekering ontvangen, als je een zonde doet die tot de dood leid. Dus, je zonden kunnen niet vergeven worden, ook al probeer je je te bekeren.

Laat ons nu kijken naar drie soorten zonden die naar de dood leiden: lastering tegen de Heilige Geest, de Zoon van God herhaaldelijk blootstellen aan openlijke schande, en opzettelijk blijven zondigen.

Lastering tegen de Heilige Geest

Er zijn drie dingen in het lasteren tegen de Heilige Geest. Je lastert tegen de Heilige Geest wanneer je spreekt tegen de Heilige Geest, wanneer je je verzet tegen het werk van de Heilige Geest, en wanneer je de Heilige Geest ten schande maakt.

Daarom zeg Ik u: Alle zonde en lastering zal de mensen vergeven worden, maar de lastering van de Geest zal niet vergeven worden. Spreekt iemand een woord tegen de Zoon des mensen, het zal hem vergeven worden; maar spreekt iemand tegen de heilige Geest, het zal hem niet vergeven worden, noch in deze eeuw, noch in de toekomende. (Matteüs 12: 31-32).

En een ieder, die een woord zal spreken tegen de Zoon des mensen, het zal hem vergeven worden; maar wie tegen de heilige Geest zal lasteren, het zal hem niet vergeven worden. (Lucas 12: 10).

Ten eerste, "Ongunstig spreken over anderen" is om hen te lasteren en hun werken af te schrikken. **"Spreken tegen de Heilige Geest"** is te proberen om de voltooiing van het koninkrijk van God te verhinderen, door het werk van de Heilige Geest te onderbreken, gebaseerd op iemands eigen gedachten en wil. Bijvoorbeeld, het is spreken tegen de Heilige Geest wanneer je je verzet tegen het werk van God, omdat het niet overeenstemt met je eigen denken, ook al is het het werk van de Heilige Geest.

Als je een dienstknecht van God veroordeelt als een ketter, terwijl hij dat in feite niet is, en het werk van de Heilige Geest onderbreekt, is dat zo'n grote zonde voor God, dat het niet vergeven kan worden. Daarom moet je in staat zijn om de geesten te onderscheiden overeenkomstig de waarheid.

Natuurlijk moet je mensen ernstig waarschuwen en moet je hun gedrag niet toe staan, als ze proberen om andere mensen boze geesten te laten ontvangen of als ze echt ketters zijn in Gods ogen. Titus 3: 10 zegt, *"Een mens, die scheuring maakt, moet gij, na hem een en andermaal terechtgewezen te hebben, afwijzen."*

Vandaag, veroordelen vele mensen sommige kerken als ketters en vervolgen hen op vele wegen, zelfs hen die God, de Drie-eenheid erkennen en die samenwerken met de Heilige Geest, omdat deze mensen niet in staat zijn om de geesten te onderscheiden. Ondanks dat ze beweren in God te geloven, hebben ze onvoldoende Bijbelse kennis over ketterij. Soms kennen ze zelfs niet de definitie van ketterij. In het geval van het vervolgen van anderen door gebrek aan goede kennis, als mensen zich bekeren en ervan afkeren, kunnen ze vergeven worden. Hoe dan ook, als ze het werk van God onderbreken met een kwade bedoeling en jaloezie, ondanks dat ze weten dat het werk van de Heilige Geest is, kunnen ze niet vergeven worden. Je kan een voorbeeld hiervan vinden in de Bijbel. Marcus 3, toen Jezus wonderen en tekenen verrichtte, verspreidden degenen die jaloers waren, een gerucht dat Hij slecht was. De geruchten verspreidden zich zo ver dat zelfs zijn familieleden kwamen om Hem uit het publiek weg te halen.

De schriftgeleerden en de farizeeërs bekritiseerden Jezus, zeggende, *"En de schriftgeleerden, die van Jeruzalem gekomen waren, zeiden: 'Hij heeft Beëlzebul, en door de overste der boze geesten drijft Hij de geesten uit.'"* (Marcus 3: 22). Ze hadden volledige kennis van Gods Woord. Ze kenden de wet heel goed en onderwezen het aan het volk, en toch verzetten ze zich tegen Gods werk door hun jaloezie en nijd op Jezus.

Ten tweede, *"zich verzetten tegen het werk van de Heilige Geest"* is de stem van de Heilige Geest die God gegeven heeft, uit te dagen, of het oordelen en veroordelen van het werk van de Heilige Geest en te proberen om anderen te beschadigen.

Bijvoorbeeld, het is tegen de Heilige Geest spreken als je geruchten verspreid of folders maakt, of een voorganger of kerk als "ketters" ziet, waar het werk van de Heilige Geest getoond wordt om zo de opwekkingssamenkomsten of bijeenkomsten te verstoren. Wat dan betekent "En een ieder, die een woord zal spreken tegen de Zoon des mensen, het zal hem vergeven worden."? "De Zoon des mensen" verwijst in dit vers naar Jezus, die kwam als een mens, voordat Hij gekruisigd werd aan het kruis. Spreken tegen de Zoon des mensen betekent om Jezus ongehoorzaam te zijn, Hem enkel te kennen en erkennen als een persoon, omdat Hij in het vlees kwam. Niet in staat om Jezus te herkennen als de Redder als resultaat van gebrek aan kennis. In dit geval, zal je vergeven worden en kan je gered worden, alleen als je je volledig bekeert en de Heer aanneemt.

Daarom, als je dit soort zonden doet, zonder de waarheid te kennen of voordat je de Heilige Geest hebt ontvangen, geeft God je een kans om je te bekeren en opnieuw vergeven te zijn.

Hoe dan ook, als je ongehoorzaam bent en je verzet tegen de Here, terwijl je echt weet wie Jezus Christus is, moet je beseffen dat je nooit vergeven kan worden voor dit, omdat het gelijk is aan het spreken tegen de Heilige Geest en het verzetten tegen het werk van de Heilige Geest.

Ten derde, lasteren betekent ook dingen ten schande brengen die goddelijk, heilig en zuiver zijn. Lasteren tegen de Heilige Geest betekent ook *de Heilige Geest ten schande brengen,* de Geest van God en Gods Goddelijkheid. Het is een zonde om Gods eeuwige kracht en goddelijkheid ten schande te brengen, als je de werken van de Heilige Geest lastert, door te zeggen dat het de werken van Satan zijn, of als je beweert dat iets het werk van de Heilige Geest is, terwijl dat niet zo is. Ook het preken van waarheid als leugen, bewerende wat een leugen is, de waarheid is, en veroordelen wat waar is alsof het leugen is, is allemaal "het lasteren van de Heilige Geest." In vroegere tijden, als iemand betrapt werd voor zijn woorden of daden van lasteren tegen de koning, werd dat als verraad beschouwd en werd hij ter dood gebracht.

Als je lastert tegen de heilige goddlijkheid van God, die Almachtig is en niet vergeleken kan worden met geen enkele koning van deze aarde, kan je nooit vergeven worden.

Zelfs Jezus, die God in de ware natuur was en naar deze wereld kwam in het vlees, veroordeelde niemand. Als je nog steeds broeders en zusters veroordeeld, en bovendien het werk, gedaan door de Heilige Geest ten schande maakt, wat een verschrikkelijke zonde zou dat zijn! Als je respect hebt en God vreest, kan je je nooit verzetten of spreken tegen, of de Heilige Geest ten schande maken.

Daarom moet je je realiseren dat deze zonden nooit vergeven kunnen worden, noch in deze eeuw, noch in de toekomende eeuw, en je zou nooit deze zonden mogen doen. Zelfs als je deze zonden al gedaan hebt, dan zou je Gods genade moeten zoeken en je bekeren met je hele hart.

De Zoon van God blootstellen aan publieke schande

Het leidt je tot de dood, als je de Zoon van God opnieuw

kruisgd en Hem blootstelt aan publieke schande, zoals geschreven staat in Hebreeën 6.

> *Want het is onmogelijk, degenen, die eens verlicht zijn*
> *geweest, van de hemelse gave genoten hebben en deel*
> *gekregen hebben aan de heilige Geest, en het goede*
> *woord Gods en de krachten der toekomende eeuw*
> *gesmaakt hebben, en daarna afgevallen zijn, weder*
> *opnieuw tot bekering te brengen, daar zij wat hen betreft*
> *de Zoon van God opnieuw kruisigen en tot een*
> *bespotting maken. (Hebreeën 6:4-6).*

Sommige mensen verlaten de kerk en God, door de verleidingen van deze wereld en vallen in grote ongenade bij God, ook al hebben ze de Heilige Geest ontvangen, weet dat er een hemel en hel zijn, en geloof in het woord der waarheid. We zeggen dat ze de zonde doen van het opnieuw kruisigen van de Zoon van God en Hem publiek ten schande brengen. Dit soort mensen doen niet alleen vele zonden beheerst door satan, maar verloochen ook God en vervolgen en vernederen de kerk en de gelovigen.

Ze hebben hun geweten al overgegeven aan satan, dus hun harten zijn vol van duisternis.

Daarom, willen ze zich helemaal niet bekeren en komt de geest van berouw niet op hen. Ze hebben geen enkele kans om zich te bekeren en daardoor kunnen ze niet vergeven worden.

Judas Iskariot, deed deze zonde. Hij was één van Jezus' twaalf discipelen. Hij was getuige van vele wonderen en tekenen, maar hij werd hebzuchtig en verkocht Jezus voor dertig zilverstukken. Later, werd zijn geweten getroffen en was hij vol van spijt, maar de geest van bekering kwam niet op Judas. Zijn zonde kon niet vergeven worden en uiteindelijk pleegde hij zelfmoord, omdat hij vreselijk gekweld werd door zijn schuld (Matteüs 27:3-5).

Opzettelijk blijven zondigen

De laatste zonde die naar de dood leidt is opzettelijk blijven zondigen, nadat je tot erkentenis der waarheid bent gekomen.

Want indien wij opzettelijk zondigen, nadat wij tot erkentenis der waarheid gekomen zijn, blijft er geen offer voor de zonden meer over, maar een vreselijk uitzicht op het oordeel en de felheid van een vuur, dat de wederspannigen zal verteren. (Hebreeën 10: 26-27).

Om te "blijven zondigen nadat je tot erkentenis der waarheid gekomen bent" betekent herhaaldelijk wetteloze dingen doen die God niet vergeeft. Het betekent ook, blijven zondigen, wetende dat het een zonde is als *"Hun is overkomen, wat een waar spreekwoord zegt: Een hond, die teruggekeerd is naar zijn uitbraaksel, of: een gewassen zeug naar de modderpoel."* (2 Petrus 2: 22).

Aan de ene kant, toen David, die zoveel van God hield, overspel pleegde, baarde het vele zonden en leidde het hem zelfs tot een moord op één van zijn meest loyale soldaten. Hoe dan ook, toen de profeet Nathan zijn zonden aanwees, bekeerde

Koning David zich onmiddellijk.

Aan de andere kant, bleef Koning Saul zondigen, zelfs nadat de profeet Samuël zijn zonden had aangewezen. David bekeerde zich en ontving Gods zegeningen, terwijl Saul verlaten werd, omdat hij zich niet bekeerde en bleef zondigen.

Bovendien was Bileam, een profeet die de autoriteit had over zegenen en vervloeken, maar toen hij compromiteerde met deze wereld om rijkdom en beroemdheid te verkrijgen, kwam hij tot een ellendig einde.

Aan de andere kant, verdwijnt de Heilige Geest geleidelijk uit de harten van hen die opzettelijk blijven zondigen, omdat God Zijn rug naar hen toekeert. Ze verliezen zo hun geloof en doen kwade en boze daden, beheerst door de duivel. Uiteindelijk, zal de Heilige geest in hen volledig verdwijnen, en kunnen ze niet gered worden, omdat ze zich niet bekeert hebben, en hun naam zal uit het Boek des Levens gewist worden. (Openbaringen 3:5).

Aan de andere kant, zijn er mensen die blijven zondigen, omdat ze God alleen maar hebben gekend met kennis, maar niet in Hem geloven met hun harten. Hun zonden kunnen vergeven worden en zij kunnen geleid worden op de weg van redding, waneer ze zich helemaal, met hun hele hart bekeren en echt geloof hebben.

Daarom zou je moeten weten dat je niet gered zal zijn, wanneer je opzettelijk blijft zondigen, uitdragende de daden van de zondevolle natuur, ook al ben je misschien eens verlicht geweest, geloofd hebt dat er een hemel en hel zijn, en Gods overvloedige genade ervaren hebt.

Ik hoop ook dat je tenvolle mag begrijpen dat alle zonden wetteloosheid en duisternis zijn en God ze haat, ook al leiden sommigen van hen niet tot de dood. Wees alstublieft een wijs gelovige die niet toestaat of ook maar enige soort van zonde doet.

Het vlees en het Bloed van de Zoon des mensen

Om een gezond leven te houden, moet je passend voedsel en drank gebruiken. Op dezelfde manier moet je, om je geest gezond te houden, en eeuwig leven te krijgen, het vlees eten en het bloed drinken van de Zoon van mensen.

Nu ga je leren wat het vlees en het bloed van de Zoon van mensen is en waarom je Zijn vlees en bloed moet eten om eeuwig leven te verkrijgen, gebaseerd op de volgende tekst van Johannes 6: 53-55:

Jezus dan zeide tot hen: Voorwaar, voorwaar, Ik zeg u, tenzij gij het vlees van de Zoon des mensen eet en zijn bloed drinkt, hebt gij geen leven in uzelf. Wie mijn vlees eet en mijn bloed drinkt, heeft eeuwig leven en Ik zal hem opwekken ten jongsten dage. Want mijn vlees is ware spijs en mijn bloed is ware drank.

Wat is het vlees van de Zoon van mensen?

Jezus vertelt ons in de Bijbel de geheimen van de hemel en Gods wil in parabels. Voor mensen die leven in deze drie dimensionale wereld is het erg moeilijk om de wil van God te begrijpen en te realiseren, die in de vierde dimensionale wereld en daar boven leeft. Dus Jezus vergelijkt hemelse dingen, met niet levende dingen, planten, dieren, en leeft in deze wereld om ons te helpen om de geestelijke wil beter te begrijpen.

Dat is waarom Jezus de enige Zoon van God vergeleken wordt met de rots en ster, die niet dimentionaal zijn naar het één dimentionale wijnstok, het twee dimentionale lam, en naar de Zoon van mensen welke drie dimentionaal is.

Jezus wordt de Zoon des mensen genoemd, dus het vlees van de Zoon des mensen is het vlees van Jezus.

Johannes 1: 1 zegt ons; *"In den beginne was het Woord en het Woord was bij God en het Woord was God"*. Johannes 1: 14 merkt op, *"Het Woord is vlees geworden en het heeft onder ons gewoond en wij hebben zijn heerlijkheid aanschouwd, een heerlijkheid als van de eniggeborene des Vaders, vol van genade en waarheid."*

Jezus is diegene die naar deze wereld kwam in het vlees als het woord van God. Daarom is het vlees van de Zoon des mensen het Woord van God, welke zelf de waarheid is, en eten van het vlees van de Zoon des mensen is leren van Gods Woord, de Bijbel.

Hoe moeten we het vlees van de Zoon des mensen eten

In Exodus 12: 5 en verder, wordt Jezus uitgebeeld als het "Lam":

Een gaaf, mannelijk, éénjarig stuk kleinvee moet gij
nemen; gij kunt dit nemen van de schapen of van de
geiten. En gij zult het bewaren tot de veertiende dag van
deze maand; dan zal de gehele vergadering der gemeente
van Israël het slachten in de avondschemering.
Vervolgens zal men van het bloed nemen en dit strijken
aan de beide deurposten en de bovendorpel, aan die
huizen, waarin men het eet.

In het algemeen, denken vele gelovigen dat het lam verwijst
naar nieuwe gelovigen, maar als je de Bijbel nauwkeurig
bestudeert, is het lam het symbool van Jezus.

Toen Johannes de Doper naar Jezus keek, die naar hem toe
kwam zei hij in Johannes 1: 29 *"De volgende dag zag hij Jezus*
tot zich komen en zeide: Zie, het lam Gods, dat de zonde der
wereld wegneemt." En de Apostel Petrus wijst op Jezus als het
Lam in 1 Petrus 1: 18-19 *"Wetende, dat gij niet met*
vergankelijke dingen, zilver of goud, zijt vrijgekocht van uw
ijdele wandel, die (u) van de vaderen overgeleverd is, maar
met het kostbare bloed van Christus, als van een onberispelijk
en vlekkeloos lam." Behalve deze, wijzen vele andere
uitdrukkingen op Jezus als een lam.

Waarom vergelijkt de Bijbel Jezus met een lam? Een lam is
het meest zachtmoedige en gehoorzaamste vee. Het herkent de
stem van zijn herder en gehoorzaamt hem. Niemand anders kan
het lam voor de gek houden, zelfs als mensen proberen de stem
van de herder na te doen. Het geeft melk met wit en zacht

aanzetsel, vlees en alle delen van zijn lijf aan de mens. Net zoals een lam alles aan de mens geeft, zo gehoorzaamt Jezus de perfecte wil en offert alles op voor ons.

Jezus kwam naar deze wereld in het vlees alhoewel Hij van nature eigenlijk God is, om het Evangelie van de hemel te preken, vele ziekten en kwalen te genezen en werd gekruisigd. Jezus gaf alles op om jouw van zonden te bevrijden.

Jezus wordt vergeleken met een lam, omdat Zijn kenmerken en handelen op dat van een mak lam lijken, en een lam eten symboliseert het eten van het vlees van Jezus, namelijk het vlees van de Zoon des mensen.

Hoe zou je dan het vlees van de Zoon des mensen eten? Laten we eens kijken in Exodus 12: 9-10 dat de volgende aanwijzing geeft:

Rauw of gaar gekookt in water zult gij het niet eten; slechts op het vuur gebraden met kop, schenkels en ingewanden. Gij zult daarvan niets overlaten tot de morgen; wat ervan overblijft tot de morgen, dat zult gij met vuur verbranden.

Ten eerste zal je Gods woord niet rauw eten

Wat betekent het om het vlees van de Zoon des mensen "rauw" te eten?

In het algemeen is het niet goed om rauw vlees te eten. Als je rauw vlees eet kan je een virus of bacterie krijgen en ziek worden. Op dezelfde manier zegt God om Gods woord niet rauw te eten want het is schadelijk.

Gods woord is geschreven door de inspiratie van de Heilige Geest, dus daarom moet je het lezen en tot je voedsel maken door de inspiratie van de Heilige Geest. Wat als je Gods woord letterlijk neemt? Dan zal je Gods bedoeling waarschijnlijk verkeert begrijpen. Daarom wil zeggen Gods woord rauw eten, de Bijbel te letterlijk uitleggen. Zoals Johannes 1: 1 zegt *"het Woord was God"* de Bijbel bevat Gods hart en wil en alle dingen worden bereikt Zijn Woord.

Gods woord vertelt ons hoe we in de hemel kunnen komen. Je moet Gods woord helemaal begrijpen om eeuwig leven te ontvangen. Andersom kan een vleselijk mens de geestelijke wereld niet zien nog grijpen.

Het is als een krekel die niet weet dat er lucht is als het eten op de grond is. Het is als een kuiken dat niet weet dat er een buiten wereld is buiten het ei. Het is als een baby die niets weet van de wereld als het nog in de baarmoeder is.

Zo is het ook, zolang je in de vleselijke wereld bent, weet je niets van de geestelijke wereld.

God wil je zeggen dat er nog een andere wereld is buiten deze drie dimensionale wereld. Net zoals een ongeboren kuiken uit het ei moet breken, zo moet je uit je eigen vleselijke gedachte breken om het hele gebied van de geestelijke wereld te begrijpen.

Bijvoorbeeld in Matheus 6: 6 staat, *"Maar gij, wanneer gij bidt, ga in uw binnenkamer, sluit uw deur en bid tot uw Vader in het verborgene; en uw Vader, die in het verborgene ziet, zal het u vergelden."* Als je dit letterlijk zou uitleggen, dan zou je altijd in je kamer moeten bidden. Maar je kan geen enkele voorganger met geloof vinden die in het geheim in zalen bidt. Jezus bad niet in Zijn kamer maar op een berg gedurende de nacht (Lukas 6: 12) en 's morgens op een eenzame plaats (Markus 1: 35).

Bovendien bad Daniel drie keer per dag met het raam open naar Jeruzalem (Daniël 6: 10) en de Apostel Paulus bad op het dak (Handelingen 10: 9)

En wat wil het zeggen toen Jezus zei, "Ga in je binnenkamer, sluit de deur en bidt?"

Hier wordt met een "kamer" het hart van een persoon bedoeld. Dus naar je binnenkamer gaan betekent met je gedachten heel diep in je hart gaan, net zoals je door een woonkamer of een slaapkamer gaat om naar een binnenkamer te gaan. Alleen op die manier kan je bidden met heel je hart.

Als je naar een binnenkamer gaat ben je afgesloten van de buitenwereld. Op dezelfde manier, als je bidt moet je alle onnodige gedachten, zorgen, en lasten afleggen en bidden met heel je hart.

Daarom moet je het vlees van de Zoon des mensen niet rauw eten. Je moet Gods woord niet letterlijk nemen. Dat wil zeggen je moet Gods woord geestelijk uitleggen door de inspiratie van de Heilige Geest.

Ten tweede eet Gods woord niet gekookt in water

Wat betekent "Eet geen vlees dat gekookt is in water?" Het wil zeggen dat we niets aan Gods woord moeten toevoegen, maar het zuiver moeten eten.

Het is niet goed om Gods woord te preken en het te mengen met politiek, verhalen uit de maatschappij, of gezegdes van bewonderde of historische figuren.

God, die de hemel en aarde geschapen heeft bestuurt leven en dood, zegen en vloek van de mens, is almachtig en heeft geen gebrek aan iets.

1 Korintiers 1: 25 zegt: *"Want het dwaze van God is wijzer dan de mensen en het zwakke van God is sterker dan de mensen."* Dit is opgetekend om je er bij te bepalen dat je de meest wijze en meest intelligentste persoon niet kan vergelijken met God.

Je kan niet alles wat in de Bijbel staat preken gedurende je leven. Hoe durf je dan de woorden van mensen en Gods woord te mengen als je een boodschap brengt?

Woorden van mensen veranderen als de tijd voort gaat. Zelfs als er waarheid in zit, is het al in de Bijbel gezegd en het is gezegd met Gods wijsheid.

Daarom moet je eerste prioriteit zijn, Gods zuivere woord te onderwijzen tijdens Bijbel onderwijs. Natuurlijk kan je enkele parabels of beelden geven om Gods woord aan de mensen duidelijk te maken en de geheimen van de geestelijke wereld eenvoudiger.

Je moet begrijpen dat alleen Gods woord voor eeuwig is en

volmaakt is en de gehele waarheid je leidt naar het eeuwige leven.

Dus je moet Zijn woord niet gekookt in water eten

Ten derde moet je Gods woord eten geroosterd boven het vuur

Wat wil zeggen "geroosterd boven het vuur, rauw of gaar gekookt in water zult gij het niet eten; slechts op het vuur gebraden met kop, schenkels en ingewanden."? (Exodus 12: 9) Het wil zeggen dat je Gods Woord, het vlees van de Zoon des mensen, tot je geestelijke voedsel neemt zonder iets over te laten.

Bijvoorbeeld, sommige mensen hebben het er moeilijk mee dat Mozes de Rode zee opende. Sommige mensen doen niet eens de moeite om Leviticus te lezen omdat de offers in het Oude Testament moeilijk te begrijpen zijn. Andere mensen zeggen dat de wonderen die Jezus deed moeilijk te geloven zijn en denken dat deze wonderen alleen 2000 jaar geleden konden gebeuren. Ze laten veel weg wat niet overeenkomt met de menselijke gedachten en proberen alleen de morele lessen er uit te halen.

Ze doen niet eens de moeite om in gedachten te houden, zoals, "Heb je vijanden lief "of "Vermijdt alle kwaad" omdat die woorden te zwaar zijn om te gehoorzamen. Zou het mogelijk zijn dat ze gered worden?

Daarom moet je niet alleen uit de Bijbel halen wat je zelf wil, zoals dwaze mensen. Je moet alle woorden in de Bijbel eten, geheel geroosterd boven het vuur van Genesis tot Openbaring.

Wat wil het dan zeggen, Gods woord eten "geroosterd op het vuur"? Het vuur verwijst hier naar het vuur van de Heilige

Geest. Je moet gevuld en geïnspireerd zijn door de Heilige Geest als je Gods Woord leest of er naar luistert omdat het geschreven is geïnspireerd door de Heilige Geest. Anders is het alleen maar kennis en geen geestelijk voedsel. Om Gods woord door vuur geroosterd te eten, moet je veelvuldig bidden. Gebeden dienen als olie voor de vervulling met de bron van de Heilige Geest. Als je Gods woord eet door de inspiratie van de Heilige Geest, is het zoeter dan honing. Je zal dus nooit verveeld worden zelfs als de preek lang duurt, want het is zo kostbaar en je houdt er van om naar Gods woord te luisteren als een hert dat verlangt naar fris water.

Dit is hoe je Gods woord eet geroosterd op het vuur. Alleen op deze manier zal je Gods Woord begrijpen, het tot je geestelijke vlees en bloed maken en begrijpen en Gods wil volgen. Dit is hoe je geboorte geeft aan de geest door de Heilige Geest, laat je geloof groeien, en ontdek het verloren beeld van God door de gehele plicht van de mens te vinden.

Zij echter die Gods Woord eten met hun eigen gedachten, zonder dat het geroosterd is met vuur, voelen Gods woord als vervelend, en ze kunnen het zich niet herinneren omdat ze luisteren zonder er met hun gedachten bij te zijn. Ze kunnen noch geestelijk groeien noch het ware leven ontvangen.

Ten vierde, je moet Gods woord niet uitstellen tot de ochtend

Wat wil het zeggen "uitstellen tot de ochtend, als er iets over is moet je het verbranden"?

Dat betekent dat je het vlees van de Zoon van mensen, Gods woord, moet eten gedurende de nacht. De wereld waar je nu in leeft is een duistere wereld beheerst door de duivel, en het kan je geestelijk uitpersen gedurende de nacht of nachtelijke uren. Als onze Heer weder komt, zal de duisternis verdwijnen, en alles zal herstellen, het zal ochtend worden, de wereld van licht. Daarom "stel niet uit tot de morgen" betekent, je moet Gods woord leren om jezelf voor te berijden als een bruid van onze Here voor dat Hij terug komt. Totdat je de Here ontmoet groei je geestelijk overeenkomstig dat je het vlees eet en bloed drinkt van de Zoon van mensen. Dus je moet ijverig Gods woord leren en geestelijk groeien.

Als je het geloof van de vader hebt, door steeds te groeien in het geloof van je geest, zal je de glorie ontvangen zoals de schijnende zon nabij de troon van God in Zijn koninkrijk omdat je God kent die vanaf het begin de negen vruchten van de Heilige Geest koestert en de zaligheid en lijkt op het beeld van God.

Het bloed drinken van de Zoon van mensen

Om leven te krijgen moet je voedsel eten en water drinken. Als je geen water gebruikt, kan voedsel niet verteren en zal je dood gaan. Als voedsel in de maag gaat gemengd met water worden zij verteerd, de voedingsstoffen worden er uitgehaald en het overblijfsel afgescheiden.

Op dezelfde manier, als je het vlees van de Zoon van mensen eet, je drinkt het bloed van de Zoon van mensen niet, kan je het niet verteren. Daarom kan je eeuwig leven alleen krijgen door het vlees van de Zoon van mensen te eten samen met het drinken van het bloed van de Zoon van mensen. "Het bloed van de Zoon van mensen drinken" is Gods woord in actie zetten met geloof. Als je niet handelt volgens Gods woord nadat je het gehoord hebt en het kent is het nutteloos er naar te luisteren.

De manier waarop voedsel wordt opgenomen en het afval wordt afgescheiden als je voedsel, Gods woord, de waarheid, verteert, wordt opgenomen en de onwaarheid gaat weg als je handelt overeenkomstig Gods woord om je vuile hart te reinigen. Wat zijn dan "opgenomen waarheid" en "afgescheiden onwaarheid"? Laat ons zeggen dat je naar Gods woord geluisterd hebt, "Haat niet, maar hebt elkander lief." Wanneer je dat tot je voedsel maakt en er naar handelt, de voedingstof genaamd liefde zal opgenomen worden en het afval genaamd haat zal afgescheiden worden. Je hart wordt automatisch zuiverder en meer betrouwbaar, door het afscheiden van vuile en vieze gedachten.

Handel overeenkomstig Gods Woord nadat je ernaar geluisterd hebt

Hoe dan ook, als je niet handelt overeenkomstig Gods Woord, drink je niet van het Bloed van de Zoon des Mensen. Daarom, is Gods woord een stukje kennis in het hoofd en kan je niet gered worden als je er niet naar handelt.

Drinkende het bloed van de Zoon des Mensen, handelen naar Gods Woord, kan niet gedaan worden door enkel het menselijke kunnen. Je zou de wil en de inspanning moeten hebben om te handelen overeenkomstig Zijn woord, en dan Gods genade ontvangen, kracht en hulp van de Heilige geest door vurig te bidden.

Als je in eigen kracht de zonde kon verwijderen, dan had Jezus niet gekruisigd moeten worden, en had God niet de Heilige Geest moeten zenden.

Jezus Christus werd gekruisigd om je zonden te vergeven, omdat je niet zelf het zondeprobleem kon oplossen, en God zond Zijn Heilige geest om jou te helpem on je vuile hart te veranderen tot een rein hart.

De Heilige geest, de Geest van Godm helpt Gods kinderen om te leven in de waarheid en in gerechtigheid. Daarom, met de hulp van de Heilige Geest, zouden de kinderen van God moeten leven overeenkomstig Gods Woord, afrekende met hun zonden en onvangende Gods liefde en zegeningen.

Vergeving enkel door in het licht te wandelen

Wanneer je zegt dat je het vlees eet en het bloed drinkt van de Zoon des Mensen, betekent dat je ook handelt in het licht overeenkomstig Gods woord. Naar welke soort handelingen verwijst het dan? Je moet je gedragen in het licht. Je verlaat de duisternis en handelt in het licht, wanneer je vlees eet van de Zoon des Mensen, het verteert en je hart zuiver maakt. Wanneer je handelt in het licht, reinigt het bloed van de Here je van je zonden in het verleden, heden en toekomst.

Zelfs als je zonden hebt die nog niet verwijderd zijn, wanneer je met je hele hart voor God bekeert, kunnen je zonden vergeven worden door de genade van God. Degene die werkelijk in God geloven en proberen om de gerechtigheid in hun hart tot stand te brengen zijn geen zondaren meer, maar rechtvaardige mensen, en ze kunnen gered worden en het eeuwige leven verkrijgen.

God is licht

1 Johannes 1: 5 zegt dat *"En dit is de verkondiging, die wij van Hem gehoord hebben en u verkondigen: God is licht en in Hem is in het geheel geen duisternis."*

De Apostel Johannes, die 1 Johannes schreef, had rechtstreeks onderwijs gekregen van Jezus, die naar deze wereld gekomen was en het licht in de wereld werd en de weg tot God.

Dus, het zegt het volgende over Jezus in Johannes 1: 4-5, *"In het Woord was leven en het leven was het licht der mensen; en het licht schijnt in de duisternis en de duisternis heeft het niet gegrepen."* Jezus zelf zei, *"Jezus zeide tot hem: Ik ben de weg en de waarheid en het leven; niemand komt tot de Vader dan door"* (Johannes 14:6).

Daarom, getuigden de discipelen van Jezus het feit dat "God licht is" door Jezus, en de boodschap die ze brachten aan jou is dat "God is Licht."

Licht betekent geestelijk waarheid

Wat dan, is het "Licht"? Geestelijk, betekent licht, de waarheid, en waarheid is het tegenovergestelde van de duisternis. God zegt ons in Efeziërs 5: 8, *"Want gij waart vroeger duisternis, maar thans zijt gij licht in de Here; wandelt als kinderen des lichts."* Degene die luisteren naar de boodschap dat "God licht is" en leren dat de waarheid van God kan schijnen en deze wereld kan verlichten, zoals licht de duisternis verdrijft. De kinderen van het licht die handelen overeenkomstig de waarheid, dragen vruchten van het licht. Daarom staat er in Efeziërs 5: 9, *"want de vrucht des lichts bestaat in louter goedheid en gerechtigheid en waarheid."* De Geestelijke liefde beschreven in 1 Korintiërs 13 en de vruchten van de Heilige Geest zoals liefde, blijdschap, vrede, lankmoedigheid, goedheid, trouw, zachtmoedigheid en zelfbeheersing zijn vruchten van het licht.

Daarom verwijst licht naar alle woorden van waarheid op goedheid, gerechtigheid en liefde zoals "Hebt elkander lief, bidt, houdt de sabbat, houdt de tien geboden" dat wat God in de Bijbel zegt.

Duisternis betekent geestelijk zonde

Duisternis verwijst naar de staat in welke er geen licht is, en betekent geestelijk zonde.

Alle onware dingen, welke het tegenovergestelde zijn van de waarheid, zijn zulke dingen die geschreven staan in Romeinen 1: 28-29 *"En daar zij het verwerpelijk achtten God te erkennen, heeft God hen overgegeven aan een verwerpelijk denken om te doen wat niet betaamt: vervuld van allerlei onrechtvaardigheid, boosheid, hebzucht en slechtheid, vol nijd, moord, twist, list en kwaadaardigheid."*

De Bijbel zegt je om af te rekenen met al deze dingen die behoren tot de duisternis zoals stelen, moord, overspel en alle andere kwaad.

Aan de ene kant, beweren sommige mensen dat ze kinderen van God zijn, ondanks dat ze niet gehoorzamen aan dat wat God tot hen zegt om te doen of te onderhouden, maar doen net die dingen waarvan God zei om ze niet te doen of weg te doen. Deze duisternis wordt beheerst door de vijand duivel en satan en het behoort tot deze wereld, dus het kan nooit samen gaan met het licht. Dat is de reden waarom degene die tot de duisternis behoren het licht haten en er van weg leven.

Aan de andere kant, de ware kinderen van God, die het licht zijn, en in wie geen duisternis is, zouden alle duisternis weg moeten doen en handelen in het licht. Alleen dan, kan je met God communiceren en zal alles goed gaan in je leven.

Bewijs van het hebben van een relatie met God

Gewoonlijk, is er een hele goede relatie gebaseerd op de liefde tussen ouders en hun kinderen. Op dezelfde wijze, is het vanzelfsprekend dat jij – die gelooft in Jezus Christus – een relatie hebt met God, die de Vader is van jou (1 Johannes 1: 3). Gemeenschap betekent niet alleen dat je elkaar kent, maar dat beiden elkaar door en door kennen. Je kan niet zeggen dat je een relatie hebt met de President, ondanks dat je een groot deel van hem weet. Zo is het ook met je relatie met God. Om een echte relatie met God te hebben, moet je Hem kennen net zoals Hij jou kent en erkent.

1 Johannes 1: 6-7 zegt, *"Indien wij zeggen, dat wij gemeenschap met Hem hebben en in de duisternis wandelen, dan liegen wij en doen de waarheid niet; maar indien wij in het licht wandelen, gelijk Hij in het licht is, hebben wij gemeenschap met elkander; en het bloed van Jezus, zijn Zoon, reinigt ons van alle zonde."*

Dit betekent dat je een kamerradelijk omgang hebt met God, alleen maar als je afrekent met de zonden en handelt in het licht. Als je zegt dat je een relatie hebt met God, terwijl je nog steeds handelt en leeft in de duisternis, dan is dat een leugen.

Een relatie met God hebben betekent het hebben van een geestelijke en waarachtige relatie, niet zomaar een goddeloze relatie van Hem kennen met de kennis van je hoofd. Jij zelf moet in het lciht zijn, om een relatie te hbeben met God, omdat God licht is. De Heilige Geest, het hart van God onderwijst je de wil van God duidelijk, zodat je in de waarheid zou blijven, en zodat je een diepere gemeenschap kan hebben met God, wanneer je Gods Woord leest en bidt.

Als je wandelt in de duisternis

Je liegt wanneer je beweert dat je een relatie hebt met God, maar wandelt in de duisternis en zondigt. Dat is niet wandelen in de waarheid, en je zal uiteindelijk op de weg van de dood gaan. In 1 Samuël 2, handelden de zonen van de priester Eli in het kwade en zondigden. Hij had ze moeten straffen, maar Eli waarschuwde hen alleen maar, "Waarom doe je zo iets? Je zou dit niet moeten doen." Ten slotte, viel Gods wraak op hen. De twee zonen van de priester Eli stierven in de strijd, en Eli viel achterover van zijn stoel, bij de ingang van de poort; brak zijn nek en stierf. Gods wraak kwam ook op zijn nageslacht (1 Samuël 2: 27-36, 4: 11-22).

Daaro zoals er staat in Efeziërs 5: 11-13, *"En neemt geen deel aan de onvruchtbare werken der duisternis, maar ontmaskert ze veeleer, want het is zelfs schandelijk om te noemen, wat heimelijk door hen wordt verricht; maar als dat alles door het licht ontmaskerd wordt, komt het aan de dag; want al wat aan de dag komt is licht."*

Als er iemand is, die beweert een relatie te hebben met God, maar niet in het licht wandelt, zou je hem raad moeten geven in de liefde. Als hij dan nog niet in het licht komt, moet je hem berispen om hem tot het licht te brengen, zodat hij niet op het pad ten dode gaat.

Vergeving door te wandelen in het licht

Er is een wet in deze wereld en wanneer iemand deze

overtreedt, zal hij gestraft worden overeenkomstig de mate van zijn daad. Hoe dan ook, hij kan niets doen aan zijn schuldgevoelens in zijn geweten, omdat er al schade is, ook al heeft hij ervoor betaald, voor wat hij verkeerd gedaan heeft en ervoor gestraft.

Op gelijke wijze heb je nog steeds de zondevolle natuur in je hart, ook al heb je Jezus Christus aangenomen, zijn je zonde vergeven en ben je rechtvaardig verklaard. Daarom, gebied God je om je hart te laten besnijden, zodat je niet meer schuldig voelt in e geweten.

Zoals er staat in Jeremia 4: 4, *"Besnijdt u voor de HERE en doet weg de voorhuid van uw hart, gij mannen van Juda en inwoners van Jeruzalem, opdat mijn gramschap niet uitsla als een vuur en onuitblusbaar brande om de boosheid uwer handelingen."* Het besnijden van het hart, betekent de huid van je hart wegsnijden.

Het wegsnijden van de huid van je hart betekent om te volgen in alles wat God zegt in de Bijbel zoals, "Doe," "Doe niet," "Onderhoud," en "werp weg."

In andere woorden, betekent het om alles uit te drijven wat tegen het Woord van God is, zoals leugen, kwaad, ongerechtigheid, wetteloosheid, en duisternis, je hart te reinigen en het te vullen met de waarheid.

Daarom, moet je het Woord van God ijverig tot je voedsel maken, de voedingsstoffen opnemen en het afval van het kwade en de leugen afscheiden die tot de duisternis behoren. Wanneer je je hart besnijdt, kan je geestelijk opgroeien.

Wanneer je een geestelijk en waarachtig mens wordt,

afscheidende de zonde en het kwaad als afval, heb je gemeenschap met God. Dan kan het bloed van Jezus je reinigen van je zonden, omdat je deze gemeenschap hebt.

Daarom, zou je niet alleen Jezus Christus moeten aannemen en rechtvaardig verklaard worden, maar ook veranderen in een waaracht rechtvaardig persoon, door het vlees te eten en het bloed te drinken van de Zoon des Mensen, en je hart besnijden.

Geloof met werken is echt geloof

Tot mijn verbazing, zie je vele mensen die niet volledig begrijpen de betekenis van geloof. Sommigen zeggen, "Waarom ga je niet alleen naar de kerk? Je kan nog steeds gered worden."

Als je naar het woord van God luistert en het weet, maar er niet naar handelt, dan is het enkel geloof in de vorm van kennis in je hoofd, niet het echte geloof. Op die wijze kan je niet gered worden. Wat is het geloof dat God erkent? Hoe kan je gered worden door geloof?

Echte bekering eist het afkeren van de zonden

1 Johannes 1: 8-9 zegt dat *"Indien wij zeggen, dat wij geen zonde hebben, misleiden wij onszelf en de waarheid is in ons niet. Indien wij onze zonden belijden, Hij is getrouw en rechtvaardig, om ons de zonden te vergeven en ons te reinigen van alle ongerechtigheid."*

Wat dan, betekent je zonden belijden? Veronderstel dat God dit tot je zegt, "Als je naar het oosten gaat, is dat de weg naar eeuwig leven en mijn wil, dus ga naar het oosten." Toch, blijf je naar het westen gaan en zegt, "God, ik zou naar het oosten moeten gaan, maar ik ga naar het westen, vergeef mij alstublieft." Dat is geen belijdenis. Dit is niet geloven in God of Hem vrezen, maar eerder Hem bespotten. Echte bekering doe je niet alleen door je zonden te belijden met je mond, maar ook door je volledig af te keren van je zonden door je daden. Alleen dan ontvangt God het als bekering en schenkt je vergeving.

Op de wijze dat je sterft als je geen voedsel eet, ondanks dat je weet dat je moet eten om in leven te blijven, ben je niet gereinigd door het bloed van de Here, als je alleen maar je zonden belijd met je mond en je niet afkeert van ze.

Geloof zonder werken is dood geloof

In Jacobus 2: 22, staat er, *"Daaruit kunt gij zien, dat zijn geloof samenwerkte met zijn werken, en dat dit geloof pas volkomen werd uit de werken."* Vers 26 gaat verder: *"Want gelijk het lichaam zonder geest dood is, zo is ook het geloof zonder werken dood."*

Vele mensen gaan naar de kerk omdat ze gehoord hebben dat er een hemel en een hel is. Hoe dan ook, omdat ze geen echt geloof hebben over dit feit in hun harten, zijn hun daden niet in overeenstemming.

Dit is enkel geloof als kennis en dood geloof.

Bovendien, als je belijdt met je lippen, terwijl je nog in zonde leeft, hoe kan je dan zeggen dat je geloof hebt? De Bijbel zegt dat zonde gedaan in kennis, erger is dan zonde gedaan zonder kennis.

Wanneer je belijdt, "Ik geloof" zonder daden, dan denk je misschien dat je geloof hebt, maar erkent dit niet als echt geloof. De Israëlieten, die uit Egypte kwamen ervoeren vele werken van God. God scheidde de Rode Zee, gaf hen manna en kwakkels, en beschermde hen met een wolkkolom over dag en met een vuurkolom 's nachts.

Hoe dan ook, toen God hen gebood om het land Kanaän te verspieden, geloofden alleen Jozua en Kaleb in Gods woord en kracht. Met als resultaat, dat de Israëlieten die God niet gehoorzaamden, omdat ze niet het geloof hadden, dat sterk genoeg was om Kanaän in te gaan, ondergingen 40 jaren van beproevingen in de woestijn en stierven daar uiteindelijk.

Je moet beseffen dat het nutteloos is, als je niet gelooft of handelt overeenkomstig het Woord van God ook al getuig je en ervaar je zovele werken van God. Geloof is volkomen met daden.

Alleen zij de wet onderhouden zijn gerechtvaardigt

God zegt ons in Romeinen 2: 13 dat *"Want niet de hoorders der wet zijn rechtvaardig bij God, maar de daders der wet zullen gerechtvaardigd worden."*

Je bent niet rechtvaardig door alleen maar een kerkdienst bij te wonen en te luisteren naar de preken. Je wordt rechtvaardig gemaakt, enkel als je je onware hart verandert in een waarachtig hart, door te handelen overeenkomstig Gods Woord.

Sommigen zeggen dat je gered kan worden door enkel Jezus Christus "Heer" te noemen met je lippen, niet begrijpende Romeinen 10: 13, *"Want: al wie de naam des Heren aanroept, zal behouden worden."* En toch, is dat absoluut verkeerd. Zoals er staat in Jesaja 34: 16, *"Zoekt na in het boek des HEREN en leest; niet één van deze wezens zal ontbreken, zij zullen elkander niet missen, want zijn mond heeft het geboden en zijn adem bracht ze samen,"* Gods woord heeft het in zich en het wordt alleen volmaakt als het overeenkomstig uitgelegd wordt.

Romeinen 10: 9-10 zegt, *"Want indien gij met uw mond belijdt, dat Jezus Heer is, en met uw hart gelooft, dat God Hem uit de doden heeft opgewekt, zult gij behouden worden; want met het hart gelooft men tot gerechtigheid en met de mond belijdt men tot behoudenis."*

Alleen zij die echt geloven in hun harten dat Jezus is opgestaan, kunnen hun belijdenis maken met hun zuivere lippen, omdat zij leven overeenkomstig Gods Woord. Zij zullen gered worden wanneer zij belijden met dit echte geloof en zullen toenemend rechtvaardig worden, maar zij die niet belijden met dit geloof, kunnen niet gered worden.

Daarom zei Jezus in Matteüs 13: 49-50, *"Zó zal het gaan bij de voleinding der wereld. De engelen zullen uitgaan om de bozen uit het midden der rechtvaardigen af te zonderen, en zij zullen hen in de vurige oven werpen; daar zal het geween zijn en het tandengeknars."*

Hier, verwijst "de rechtvaardigen" naar al degene die God

erkennen en beweren echt geloof te hebben. "De bozen uit het midden der rechtvaardigen afscheidden" betekent dat zij die niet handelen overeenkomstig Gods Woord, niet gered kunnen worden ondanks dat ze naar de kerk gingen en een christelijk leven leidden.

God wil echte besnijdenis van het hart

God wil dat Zijn kinderen heilig en volmaakt zijn. Daarom zegt Hij in 1 Petrus 1: 15 *"maar gelijk Hij, die u geroepen heeft, heilig is, wordt (zo) ook gijzelf heilig in al uw wandel;"* en in Matteüs 5: 48, *"Gij dan zult volmaakt zijn, gelijk uw hemelse Vader volmaakt is."* Tijdens de Oud Testamentische tijden, waren de mensen gered door hun daden als vertegenwoordiging van wat zou komen, maar gedurende de Nieuw Testamentische tijden, toen Jezus de wet volbracht had met liefde, werd je gered door geloof.

"Gered door de daden van de wet" betekent dat zelfs al heb je, bijvoorbeeld, een vuil hart door moord, haat, overspel, leugen enzovoort, wordt het niet als zonde beschouwt tenzij je het uitvoert als een daad.

God veroordeelde geen mensen tenzij ze de boze daden uitvoerden omdat ze de zonde niet konden verwerpen uit zichzelf door de Heilige Geest, in de Oud testamentische tijden. Hoe dan ook, in de nieuw testamentische tijden, ben je alleen maar gered wanneer je hart besneden is in geloof met de hulp van de Heilige Geest, want de Heilige Geest moet tot je komen. De Heilige Geest maakt je bewust van het verschil tussen de zonde en rechtvaardigheid, en het oordeel en stelt je in staat, om te leven overeenkomstig Gods Woord. Daarom kan je leugen weg doen en je hart besnijden met de hulp van de Heilige Geest. Je moet beseffen dat God echt van je vraagt om je hart te besnijden, af te rekenen met de zonden, heilig te zijn en deel te nemen aan de Goddelijke natuur. De Apostel Paulus kende die wil van God en onderwees de besnijdenis van het hart en niet van het vlees (Romeinen 2: 28-29). Hij adviseerde om te weerstaan tot op het punt van bloed vergieten in je strijd tegen de zonden, met je ogen gericht op Jezus, de Voleindiger van je geloof (Hebreeën 12: 1-4).

Ik hoop dat je echt geloof mag hebben wat gepaard gaat met daden, beseffende dat je de hemel niet binnen kan gaan door alleen maar "Here, Here," te roepen, maar alleen door te wandelen in het licht en je hart te besnijden.

Hoofdstuk 9

GEBOREN UIT WATER EN DE GEEST

- Nikodemus komt tot Jezus
- Jezus helpt Nikodemus het geestelijke te begrijpen
- Wanneer geboren uit water en de Geest
- Drie getuigen: de Geest, het water en het bloed

En er was iemand uit de farizeeërs, wiens naam was Nikodemus, een overste der Joden; deze kwam des nachts tot Hem en zeide tot Hem: "Rabbi, wij weten, dat Gij van God gekomen zijt als leraar; want niemand kan die tekenen doen, welke Gij doet, tenzij God met Hem is." Jezus antwoordde en zeide tot hem: "Voorwaar, voorwaar, Ik zeg u, tenzij iemand wederom geboren wordt, kan hij het koninkrijk van God niet zien." Nikodemus zeide tot Hem: "Hoe kan een mens geboren worden, als hij oud is? Kan hij dan voor de tweedemaal in de moederschoot ingaan en geboren worden?" Jezus antwoordde: "Voorwaar, voorwaar, Ik zeg u, tenzij iemand geboren wordt uit water en Geest, kan hij het koninkrijk Gods niet binnengaan."

Johannes 3:1-5

God zond Jezus Christus, Zijn Ene en Enige Zoon, en opende de weg tot redding. Iedereen die Hem aanneemt, heeft het recht om een kind van God te worden en geniet van een gezegend en eeuwig leven nu en voor eeuwig. Hoe dan ook, vandaag de dag, zien we heel veel mensen die niet meer die zekerheid van redding hebben, ook al hebben ze Jezus Christus aangenomen. Bovendien, beweren sommige mensen dat ze redding ontvangen hebben, maar het geloof om gered te worden ontbreekt, of anderen beweren dat ze gered zijn omdat ze eens de Heilige Geest ontvangen hebben, maar ze zijn niet bezig met wat ze daarna gedaan hebben.

Nu, om de Boodschap van het Kruis te beëindigen, laten we dan eens duidelijk bekijken hoe je perfecte redding kan bereiken vanaf het moment dat je Jezus Christus aanneemt, door het verhaal van Nikodemus.

Nikodemus komt tot Jezus

In Jezus' tijd, hadden de farizeeërs een grote aandacht voor de wet van Mozes, en hielden zich aan de tradities van de oudsten. Ze waren religieuze leiders onder de verkozen Israëlieten, die geloofden in Gods soevereiniteit, de opstanding, engelen, het grote oordeel en de komst van de Messias. En toch, bestrafte Jezus hen herhaaldelijk, zeggende, "Wee u, gij farizeeërs." Zij, als hypocrieten leken voor de mensen aan de buitenzijde heilig, maar vanbinnen waren ze vol van hebzucht en genotzucht, zoals witgekalkte graven (Matteüs 23: 25-36).

Nikodemus had een goed hart

Nikodemus was een van de farizeeërs van de Joods regerende raad, genaamd de Sanhedrin. Hoe dan ook, hij vervolgde Jezus niet, zoals de andere farizeeërs. In plaats daarvan, geloofde hij dat Jezus gekomen was vanuit God, ziende naar de wonderen en tekenen die Jezus deed. Nikodemus wilde weten wie Jezus was, omdat hij een goed hart had.

In Johannes 7: 51, vraagt Nikodemus aan de farizeeërs die Jezus willen grijpen, om Hem te verdedigen, *"Veroordeelt onze wet dan een mens, tenzij men zich eerst van hem op de hoogte gesteld heeft en kennis genomen van wat Hij doet?"*

Het moet niet gemakkelijk geweest zijn, in de tijd, om als lid van de Sanhedrin zo te spreken. Zelfs nu, als een regering het christendom buiten de wet stelt of ontmoedigd, kunnen officiële mannen niet aan de zijde van het christendom staan. Op gelijke wijze, in die tijd, beschouwden de Israëlieten alle andere religies, behalve het Judaïsme als vals. Nikodemus wist dat hij het recht tot spreken kon verliezen door voor Jezus kant te kiezen.

Ondanks alles, verdedigde Nikodemus Jezus. Dat bewijst dat hij waarachtig was en dat hij standvastig geloof had in Jezus.

Johannes 19: 39-40 geeft een afbeelding weer onmiddellijk

na Jezus' dood aan het kruis:

En ook kwam Nikodemus, die de eerste maal des
nachts tot Hem gekomen was, en hij bracht een mengsel
mede van mirre en aloë, ongeveer honderd pond. Zij
namen dan het lichaam van Jezus en wikkelden het in
linnen windsels met de specerijen, zoals bij de Joden
gebruikelijk is te begraven.

Daarom, geloofde Nikodemus dat Jezus een man van God
was, diende Jezus onveranderlijk zelfs na Zijn kruisiging, en
verkreeg redding door geloof in Zijn opstanding.

Nikodemus komt tot Jezus

In Johannes 3, is er een dialoog tussen Jezus en Nikodemus,
voordat hij de waarheid in geest begreep.

Op een nacht kwam Nikodemus tot Jezus en verklaarde
openlijk, *"Rabbi, wij weten, dat Gij van God gekomen zijt als*
leraar; want niemand kan die tekenen doen, welke Gij doet,
tenzij God met Hem is." (v. 2.)

Op het eerste zicht wist Nicodemus niet dat Jezus, de Messias
en de Zoon van God was. Hoe dan ook, nadat hij getuigde van
de wonderen van Jezus, besefte Nikodemus en verklaarde hij
openlijk dat Jezus een man van God was, omdat hij een goed
geweten had. Door zijn goed geweten, wist hij dat het enkel
door de Almachtige God was dat de doden konden opstaan, de
blinden konden zien, de kreupelen konden staan en de melaatsen

genezen werden. Waarom, kwam hij dan 's nachts tot Jezus? Hij was zoals die mensen die niet openlijk de kerk bezoeken, omdat ze niet de zekerheid hebben in God, de Schepper. Ondanks dat Nikodemus een goed hart had, had hij geen echt geloof. Hij had geen vertrouwen in Jezus als de Zoon van God en Messias, dus bezocht hij Jezus niet in het openbaar, tijdens de dag – hij deed dit 's nachts.

Jezus helpt Nikodemus het geestelijke te begrijpen

Jezus zei tot Nikodemus, *"Jezus antwoordde en zeide tot hem: "Voorwaar, voorwaar, Ik zeg u, tenzij iemand wederom geboren wordt, kan hij het koninkrijk van God niet zien."* (Johannes 3: 3).

Hoe dan ook, Nikodemus kon dit allemaal niet begrijpen. Toen vroeg hij opnieuw, "Hoe kan een man geboren worden, als hij oud is?" Hij had geen geestelijk geloof, dus hij vroeg zich af, "Een oud mens sterft en wordt opnieuw stof, hoe kan hij dan wederom geboren worden?"

Toen vertelde Jezus hem over het geboren worden uit water en de Geest: Jezus antwoordde: *"Voorwaar, voorwaar, Ik zeg u, tenzij iemand geboren wordt uit water en Geest, kan hij het koninkrijk Gods niet binnengaan. Wat uit het vlees geboren is, is vlees; en wat uit de Geest geboren is, is geest"* (Johannes 3: 5-6).

Toen Nikodemus nieuwsgierig werd naar wat Jezus zei, legde Jezus het in een gelijkenis uit; *"De wind blaast, waarheen hij wil, en gij hoort zijn geluid, maar gij weet niet vanwaar hij komt of waar hij heengaat; zo is een ieder, die uit de Geest geboren is."* (Johannes 3: 8). Na de ongehoorzaamheid van Adam, stierf iedere menselijke geest en iedereen was daarna voorbestemd voor de dood. Hoe dan ook, de geest van de mens herleeft na geboren te worden door de Heilige Geest. Wanneer hij geestelijk wordt, herstelt hij het beeld van God en is gered. En toch, begreep Nikodemus niet wat Jezus bedoelde (Johannes 3: 9). Dus hij vroeg, "Hoe kan dit geschieden?" Jezus antwoordde:

Indien Ik ulieden van het aardse gesproken heb, zonder dat gij gelooft, hoe zult gij geloven, wanneer Ik u van het hemelse spreek? En niemand is opgevaren naar de hemel, dan die uit de hemel nedergedaald is, de Zoon des mensen. En gelijk, Mozes de slang in de woestijn verhoogd heeft, zo moet ook de Zoon des mensen verhoogd worden, opdat een ieder die gelooft, in Hem eeuwig leven hebbe. (Johannes 3:12-15).

In Numeri 21: 4-9, spraken de Israëlieten die uit Egypte geleid waren tegen Mozes, omdat hun reis naar Kanaän, heel moeilijk werd om te dragen. Toen wendde God zijn aangezicht van hen af en stuurde giftige slangen om het volk te bijten.

Terwijl ze het uitriepen voor hulp, zei God tot Mozes om een koperen slang te maken en deze op een staak te plaatsen. God redde iedereen die er naar keek, maar de koppige mensen stierven, want het hield hen ook niet bezig om dan maar in ongeloof te kijken.

Om het Woord van God geestelijk te begrijpen

Waarom gaf God het bevel om een koperen slang te maken en deze op een staak te plaatsen? Vanaf Genesis 3: 14 weten we dat de slang vervloekt is. Bovendien zegt Galaten 3: 13, *"Vervloekt is een ieder die aan het hout hangt."*

Daarom, symboliseert het plaatsen van een koperen slang op een staak, dat Jezus aan een houten kruis zou worden gehangen, als een vervloekte slang om ons te verlossen. Bovendien, net zoals iedereen die naar de slang keek, leefde, is iedereen die in Jezus Christus gelooft, gered.

Nikodemus kon de betekenis van het Woord van God niet begrijpen, omdat hij nog niet geboren was uit water en de Geest, en zijn geestelijke ogen nog niet geopend waren.

Zelfs vandaag, tenzij je geboren bent uit water en de Geest en je geestelijke ogen open zijn, kan je de betekenis van een geestelijke boodschap niet begrijpen, omdat je het misschien letterlijk opneemt of verkeerd begrijpt.

Je moet vurig bidden om de geestelijke betekenis van het Woord van God te begrijpen door de inspiratie van de Heilige Geest. Dan zal de God van genade uw hart openen, en kan je het Woord van God begrijpen en echt geloof hebben.

Wanneer geboren uit water en de Geest

Jezus zei tegen Nikodemus toen hij Hem bezocht 's nachts, *"Voorwaar, voorwaar, Ik zeg u, tenzij iemand geboren wordt uit water en Geest, kan hij het koninkrijk Gods niet binnengaan. Wat uit het vlees geboren is, is vlees; en wat uit de Geest geboren is, is geest"* (Johannes 3: 5-6). Laat ons duidelijk zijn over de betekenis van geboren worden uit water en de Geest. Hoe kan je wederom geboren worden door water en de Geest en redding verkrijgen?

Water symboliseert het water van eeuwig leven

Water lest je dorst en maakt de ingewanden van het lichaam glad. Het reinigt ook je lichaam beide vanbinnen en vanbuiten. Dus, vergeleek Jezus het water van eeuwig leven met water, om uit te leggen dat het je reinigt en leven brengt.

Jezus zegt in Johannes 4: 14, *"Maar wie gedronken heeft van het water, dat Ik hem zal geven, zal geen dorst krijgen in eeuwigheid, maar het water, dat Ik hem zal geven, zal in hem worden tot een fontein van levend water, dat springt ten eeuwigen leven."*

Wanneer je water drinkt, ben je op dat moment voor een tijdje niet meer dorstig, maar uiteindelijk zal je opnieuw dorstig worden. Water, betekent in dit schriftgedeelte eeuwig water. Iedereen die het water drinkt die Jezus geeft, zal nooit meer dorsten. Namelijk, "een fontein die ten eeuwigen leven stroomt." geeft je leven.

Johannes 6: 54-55 zegt, *"Wie Mijn vlees eet en Mijn bloed drinkt, heeft eeuwig leven en Ik zal hem opwekken ten jongste dage. Want Mijn vlees is ware spijs, en Mijn bloed is ware drank."* Dat is Jezus' vlees en Zijn bloed zijn eeuwig water. Bovendien, verwijst Zijn "vlees" naar het Woord van God, omdat Jezus het Woord is, die naar deze wereld kwam in het vlees. Het eten van Zijn vlees verwijst naar het houden van Zijn Woord in je denken door de Bijbel te lezen.

Het bloed van Jezus, is leven, en leven is de waarheid. De waarheid is Christus en Christus is de kracht van God. Dit alles is het bloed van Jezus, Omdat de kracht van God komt, door het bloed van Jezus te drinken in geloof, betekent om Zijn woord in geloof te gehoorzamen.

Je leerde dat water, geestelijk het vlees van Jezus symboliseerde – dat is het Woord van God en het Lam van God. Op de wijze dat water je lichaam reinigt, zo wast ook het Woord van God alle vuile dingen weg van je hart.

Daarom wordt je in de kerk gedoopt in water, en de doop symboliseert dat je een kind van God bent en vergeven bent van zonden. Bovendien, betekent het ook dat je het Woord van God moet overdenken en er elke dag door gereinigd moet worden.

Weder geboren door water

Hoe dan kan je het vuil van je hart wassen door het Woord van God, dat eeuwig water is?

Er zijn vier soorten van geboden die God ons geeft: "Doe," "Doe niet," "Onderhoud dit" en "werp iets af". Bijvoorbeeld,

God heeft je gezegd om deze dingen niet te doen zoals, jaloezie, haat, oordelen, stelen, overspel en moord. Op dezelfde wijze, zou je alles wat verboden is niet moeten doen en tegelijkertijd, alles weg doen wat kwaad is. Je zou de sabbat moeten onderhouden, evangeliseren, bidden, en elkander lief hebben.

Je hart zal dan langzamerhand gevuld worden met de waarheid door de hulp van de Heilige Geest, en het Woord van God zal dan alle ongerechtigheid of zonde wegwassen. Op deze manier, zal je hart dan besneden worden en veranderd worden naar de waarheid door te handelen overeenkomstig het Woord van God, en dit is "geboren worden door water."

Daarom, om volledige redding te ontvangen, zou je niet alleen Jezus moeten aannemen, maar ook je hart besnijden door Gods woord te gehoorzamen, ieder moment van je leven.

Weder geboren door de Geest

Om redding te ontvangen, zou je zowel geboren moeten worden door water als door de Geest. Hoe kan je geboren worden door de Geest? In Handelingen 19: 2, vroeg de Apostel Paulus aan enkele discipelen, *"Hebt gij de Heilige Geest ontvangen, toen gij tot het geloof kwaamt?"* Wat is het ontvangen van de Heilige Geest?

De eerste mens, Adam, bestond uit "geest," "ziel," en "lichaam" (1 Tessalonicenzen 5: 23), maar zijn geest stierf als resultaat van ongehoorzaamheid. Toen werd hij als een wezen, dat niet beter is als een dier, gemaakt uit ziel en lichaam

(Prediker 3: 18).

Wanneer je je bekeert van je zonden, erkent dat je een zondaar bent, dan geeft God je de Heilige Geest als een geschenk en als een bewijs dat je Zijn kind bent (Handelingen 2: 38).

Ieder kind van God, die de Heilige Geest ontvangt, is in staat om het verschil te onderscheiden tussen goed en kwaad, door het Woord van God en te leven overeenkomstig het Woord van God, door de kracht en sterkte van de hemel, door hun vurig en voortdurend bidden.

Op deze wijze, verander je in de waarheid en heb je geestelijk geloof naar die mate dat je geboorte gaf aan de geest, door de Heilige Geest. In Johannes 3: 6 staat er, *"Wat uit het vlees geboren is, is vlees, en wat uit de Geest geboren is, is geest."* En in Johannes 6: 63 *"De Geest is het, die levend maakt, het vlees doet geen nut; de woorden die Ik tot u gesproken heb, zijn geest en zijn leven."*

Wordt een mens van de Geest die de Heilige Geest volgt

Wanneer je geboren wordt uit water en de Heilige Geest, kan je een burgerschap van de hemel ontvangen (Filippenzen 3: 20). Als Gods kind, woon je aanbiddingsdiensten bij, prijs je Hem met vreugde, en streef je ernaar om te leven in het licht.

Voordat je de Heilige Geest ontving, leefde je in de duisternis, omdat je de waarheid niet kende. Hoe dan ook, nadat je de Heilige Geest ontving, probeerde je te wandelen in het licht.

Na enige tijd, zal je ontdekken dat terwijl je vreugde in je hart hebt, er binnen in je een voortdurende strijd is. Dat komt omdat de wet van de Geest die de verlangens van de Heilige Geest volgt, strijdt tegen de wet van de zondevolle natuur, die het verzoek van de zondevolle mens volgt, de begeerte van zijn ogen, en de trots van het leven (1 Johannes 2: 16).

De apostel Paulus sprak over zijn strijd: *"Want naar de inwendige mens verlustig ik mij in de wet Gods, maar in mijn leden zie ik een andere wet, die strijd voert tegen de wet van mijn verstand en mij tot krijgsgevangene maakt van de wet der zonde, die in mijn leden is. Ik, ellendig mens! Wie zal mij verlossen uit het lichaam dezes doods?"* (Romeinen 7: 22-24)

Wanneer je geboren bent uit water en de Geest, ben je net een kind van God geworden. Dat betekent daarom niet dat je een geestelijk volmaakt persoon bent.

Daarom zegt Galaten 5: 16-17 ons, *"Dit bedoel ik: wandel door de geest en voldoet niet het begeren van het vlees. Want het begeren van het vlees gaat in tegen de Geest en dat van de Geest tegen het vlees – want deze staan tegenover elkander – zodat gij niet doet wat gij maar wenst."*

Om de Heilige Geest te volgen, zou je moeten leven overeenkomstig het Woord van God en de wil aanvaarden om God te behagen. Dus, als je de begeerten van de Geest volgt, zal je niet verleid worden en zal je in staat zijn om de vijand duivel en Satan te verslaan, die je verleiden om de begeerten van je zondevolle natuur te volgen. Je kan leven door de waarheid en jezelf getrouw toewijden aan Gods koninkrijk en Zijn gerechtigheid.

242 _ DE BOODSCHAP VAN HET KRUIS

Wanneer je de verlangens van de Heilige Geest volgt, ben je in vreugde en in vrede. Hoe dan ook, je zal je ellendig en opgebrand voelen wanneer je de begeerten van je zondevolle natuur volgt.

Terwijl je geloof volwassen wordt, kan je de zonde weg werpen en de verlangens van de Heilige Geest op alle manieren volgen. De verlangens in jou die de zondevolle natuur willen volgen zullen verdwijnen. Bovendien, zal je niet meer hoeven te strijden om de zonde weg te werpen en je niet meer zo ellendig voelen. Je kan altijd, in iedere situatie vreugdevol zijn.

God heeft welgevallen in hen die leven door het verlangen van de Heilige Geest. Hij geeft hen hun hartsverlangens zoals Hij ons belooft in Psalm 37: 4 *"Verlustig u in de Here; dan zal Hij u geven de wensen van uw hart."*

Als je je hart verandert in één die alleen maar gevuld is met waarheid, is God zeer welgevallig in jou en maakt alles voor je mogelijk. Ik hoop dat je geboren zal worden door water en de Geest, en zal leven overeenkomstig het verlangen van de Geest.

Drie getuigen: de Geest, het water en het bloed

Zoals ik al eerder heb uitgelegd, zou je geboren moeten worden uit water en de Geest, om gered te zijn. Hoe dan ook, om volledige redding te ontvangen, moet je gereinigd zijn met het bloed van Jezus, door te wandelen in het licht.

Als je hart niet gereinigd is, heb je nog steeds zonde. Daarom, heb je het bloed van Jezus nodig, om gereinigd te worden van de overgebleven zonde.

Hierover vertelt 1 Johannes 5: 5-8 ons het volgende:

> *Wie is het die de wereld overwint, dan wie gelooft, dat Jezus, de Zoon van God is? Dit is Hij, die gekomen is door water en bloed, Jezus Christus, niet slechts met water, maar met het water en met het bloed. En de Geest is het, die getuigt, omdat de Geest de waarheid is. Want drie zijn er, die getuigen (in de hemel: de Vader, het Woord, en de Heilige Geest; en deze drie zijn een. En drie zijn er die getuigen op de aarde): de Geest en het water en het bloed, en de drie zijn tot één.*

Jezus komt door water en bloed

Johannes 1:1 zegt dat *"Het Woord was God"* en Johannes 1: 14, *"Het woord is vlees geworden en het heeft onder ons gewoond en wij hebben Zijn heerlijkheid aanschouwd, een heerlijkheid als van de eniggeborene des Vaders, vol van genade en waarheid."* Dat is Jezus, Gods enige Zoon en het echte Woord van God, kwam naar deze aarde in het vlees om ons vergeving van zonden te geven. Zelfs vandaag, gaat Hij verder met ons te reinigen door het Woord van God – de Bijbel.

Hoe dan ook, je kan niet leven overeenkomstig het Woord van God zonder de hulp van de Heilige Geest. Het is onmogelijk om in eigen kracht de zonde te verwerpen. Je zou de kracht van de Heilige Geest moeten ontvangen door het vurige gebed, zodat je alle zonde die voortkomen van je zondevolle natuur kan verwijderen, de begeerte van je ogen en de trots van het leven. Alleen dan kan je de duisternis van de leugen weg doen uit je hart. Bovendien heb je ook het vergieten van bloed nodig om vergeven te zijn. In Hebreeën 9: 22 staat dat *"En nagenoeg alles wordt volgens de wet met bloed gereinigd, en zonder bloedstorting geschiedt er geen vergeving."* Je hebt het bloed van Jezus nodig, want alleen Zijn vlekkeloze en onberispelijke bloed kan jou vergeving schenken.

Je moet geloven in Jezus, die kwam in water en bloed, en de Heilige Geest ontvangen als een geschenk van God om redding te verkrijgen, voor welke je de volgende drie nodig hebt: de Geest, het water en het bloed. Als er geen vergieten van bloed is, is er ook geen vergeving en ben je nog steeds in zonde. Je hebt niet alleen het Woord nodig – het water – om gereinigd te worden, maar ook de Heilige Geest om je volledig te helpen leven overeenkomstig dit Woord. Dus deze drie zijn in overeenstemming, in één akkoord.

Daarom, zouden wij nadat we vergeven zijn van onze zonden, door Jezus Christus aan te nemen, voortdurend geboren moeten zijn door water en de Geest, om zo volledige redding te verkrijgen, begrijpende dat de drie, de Geest, het water en het bloed ons samen redden en ons leiden naar de hemel.

Hoofdstuk 10

WAT IS KETTERIJ?

- De Bijbelse definite van ketterij
- De Geest van waarheid en de geest
  der leugen

Toch zijn er destijds onder het volk ook valse profeten opgetreden, en zo zullen er ook onder u dwaalleraren verschijnen. Ze zullen met verderfelijke ketterijen komen en zelfs de meester die hen heeft vrijgekocht verloochenen. Daarmee bewerken ze spoedig hun eigen ondergang. Velen zullen hun losbandig gedrag overnemen en zo de weg van de waarheid in opspraak brengen. Gedreven door hebzucht zullen ze u bedriegen met misleidende verhalen, maar hun vonnis is allang geveld, hun ondergang laat niet op zich wachten.

2 Petrus 2: 1-3

Terwijl de beschaving van het materialisme zich ontwikkelde, begonnen mensen God te ontkennen, omdat ze gingen afhangen van hun eigen wijsheid en kennis. Terwijl de zonde zich verspreidde, werden de geesten van de mensen duisterder en werden de mensen corrupt. Daarom zijn vele mensen misleidt omdat ze geen onderscheidt kunnen maken tussen wat waar en wat kwaad is. Ze maken ook de fout door andere mensen te oordelen gebaseerd op hun eigen rechtvaardige kennis en theoriën.

In Matteüs 12:22-32, genas Jezus een man die bezeten was door demonen, die blind en stom was. Hoe dan ook, toen de Farizeeërs dit hoorden, zeiden ze, *"Hij kan die demonen alleen maar uitdrijven dankzij Beëlzebul, de vorst der demonen."* (v. 24). Ze oordeelden Gods werk dat het gedaan werd door een boze geest.

Jezus zei tot hen in Matteüs 12: 31-32, *"Daarom zeg Ik u: Alle zonde en lastering zal de mensen vergeven worden, maar de lastering van de Geest zal niet vergeven worden. Spreekt iemand een woord tegen de Zoon des mensen, het zal hem vergeven worden; maar spreekt iemand tegen de heilige Geest, het zal hem niet vergeven worden, noch in deze eeuw, noch in de toekomende."*

De farizeeërs concludeerden dat wat Jezus gedaan had door

de kracht van God, het werk van een boze geest was. Dit is lastering tegen de Heilige Geest. Deze farizeeërs, konden daarom onmogelijk vergeven worden.

Als je onderscheid maakt tussen waarheid en leugen door de Bijbel, zal je geen andere mensen oordelen noch misleidt zijn door het valse.

Laat ons dieper kijken naar "ketterij" vanuit Gods perspectief, hoe onderscheid te maken tussen Gods Geest en de boze, en enkele ketterse sektes waar je voorzichtig mee moet zijn.

De Bijbelse definite van ketterij

Het Oxford woordenboek definieërt "ketterij" als "een geloof of een mening dat tegen de principes van een zekere religie." Sommige mensen beschouwen enkel dat wat ze geloven als waarheid, maar beschouwen andere religies als ketterij. Bijvoorbeeld, voor een Boeddhist, is enkel het Boedhisme de ware en echte weg. Voor hen zijn andere religies zoals Confucianisme niet de waarheid.

Paulus, beschuldigd als leider van een ketterse sekte

Handelingen 24: 5 zegt dat *"Want wij hebben gevonden, dat deze man een pest is, iemand, die opstanden verwekt onder alle Joden over de ganse wereld, een eerste voorstander van de secte der Nazoreeërs."* Hier verwijst "de secte der Nazoreeërs" naar "een ketterse sekte," en dit is de eerste keer dat het woord "ketter" in de Bijbel voorkomt. De Joden brachten beschuldigingen tegen Paulus voor de gouverneur, omdat ze dachten dat het evangelie wat Paulus bracht ketterij was. Paulus weerlegde de beschuldiging en beleed zijn geloof zoals geschreven staat in Handelingen 24:13-16.

En zij kunnen niets, waarvan zij mij nu beschuldigen, voor u bewijzen. Maar dit erken ik voor u, dat ik naar die weg, die zij een secte noemen, inderdaad de God der vaderen vereer, gelovende al hetgeen in de wet en in de profeten geschreven staat, terwijl ik van God hoop, gelijk ook dezen zelf het verwachten, dat er een opstanding van rechtvaardigen en onrechtvaardigen zal zijn. En hierin oefen ik mijzelf, altijd een onergerlijk geweten te hebben voor God en de mensen.

Was de Apostel Paulus echt een ketter?

Je zou voor de defintie van ketterij in de Bijbel moeten kijken, omdat de Bijbel, het Woord van God is, het enige echte Ding wat de waarheid kan onderscheiden van het valse. De term die betrokkenheid heeft tot een "ketterse sekte", staat vijf maal in de Bijbel. Hoe dan ook, de definitie van ketterij wordt slechts een maal besproken:

Toch zijn er ook valse profeten onder het volk geweest, zoals ook onder u valse leraars zullen komen, die verderfelijke ketterijen zullen doen binnensluipen, zelfs de Heerser, die hen gekocht heeft, verloochenende en een schielijk verderf over zichzelf brengend. (2 Petrus 2: 1).

"De Heerser die hen heeft vrijgekocht" verwijst naar Jezus Christus. De mens behoorde oorspronkelijk God toe en leefde overeenkomstig Zijn wil. Na zijn ongehoorzaamheid, werd Adam, hoe dan ook, een zondaar, behorende tot de duivel. Hoe dan ook, God had medelijden met de mensen die op de weg des doods waren. God zond Jezus, Zijn enige Zoon, als een vredeoffer en stond toe dat Hij gekruisigd werd, zodat de weg tot redding open zou zijn door Zijn bloed.

God werkte voor ons, die eens de duivel toebehoorden, om onze zonden te vergeven als we in Jezus Christus geloven. We ontvangen ook leven en worden opnieuw Gods eigendom. Daarom kunnen we zeggen dat Jezus ons vrijkocht door Zijn kruisiging, en de Bijbel zegt ons dat Jezus "de soevereine Heer is die hen gekocht heeft."

Ketters ontkennen Jezus Christus

Nu weet je dat "ketterij" verwijst naar hen "die De Heerser die hen heeft vrijgekocht verloochenen. Daarmee bewerken ze spoedig hun eigen ondergang" (2 Petrus 2: 1). Deze term is nooit eerder gebruikt dan dat Jezus Zijn opdracht als Redder vervuld heeft. De naam "Jezus" betekent "[de Ene die] Zijn volk zal redden van hun zonden." "Christus" is "De Gezalfde." Jezus werd de Redder enkel nadat Hij Zijn werk volbracht had – door gekruisigd te worden en op te staan. Daarom kan je deze term niet terugvinden in het Oude Testament of in de evangeliën van Matteüs, Marcus, Lucas en Johannes, waarin Jezus leven staat opgetekend. Zelfs de farizeeërs, de wetgeleerden, en de priesters, die Jezus' vervolgden gebruikten deze term niet. Noch werd het gebruikt door de Hogepriesters.

Alleen na de opstanding van Jezus, om Zijn opdracht als de Christus te vervullen, ontstond "mensen die hun Heerser die hen heeft vrijgekocht verloochenen." En vanaf toen, begint de Bijbel ons te waarschuwen voor deze ketters.

Daarom, wanneer mensen geloven in Jezus Christus als "de Heerser die hen vrijgekocht heeft," zijn zij geen ketters. Wanneer ze dat ontkennen, zijn ze hoe dan ook, ketters.

De Apostel Paulus verloochende Jezus Christus niet, die hem gekocht had met Zijn kostbare bloed. In plaats daarvan gaf Paulus dank aan Jezus Christus, die hij overal waar hij ging verkondigde, en Paulus werd vervolgd en moest een hoge prijs betalen. Vijf keer ontving hij van de Joden, de veertig min één slagen. Hij werd één keer gestenigd. Hij werd gevangen gezet, vervolgd door de heidenen en zijn eigen landgenoten, en werd verraden door degene die hij vertrouwd had. Ondanks dit alles, werd Paulus een man van grote kracht, door die beproevingen te overwinnen met vreugde en dankbaarheid, en verheerlijkte God door ontelbare mensen te genezen in de naam van Jezus Christus tot de dag dat hij de martelaren dood stierf.

Paulus preekte het evangelie en demonstreerde de kracht van

God

Je zou moeten weten dat de kracht van God niet getoond kan worden door hen die God, de Schepper en Jezus Christus, die de ware natuur van God is ontkennen, omdat de Bijbel duidelijk zegt, *"God heeft eenmaal gesproken, ik heb dit tweemaal gehoord: de sterkte is Godes"* (Psalm 62: 12).

Je moet niet een persoon oordelen die de kracht van God demonstreert, omdat die kracht bewijst dat God met hem is en dat die persoon Hem liefheeft met een grote liefde. In Galaten 1: 6-8, waarschuwt Paulus, die één van de voornaamste leiders van de Nazoreese sekte genoemd werd, duidelijk om geen ander evangelie te volgen of te preken dan de boodschap van het Kruis:

Het verbaast mij, dat gij u zo schielijk van degene, die u door de genade van Christus geroepen heeft, laat afbrengen tot een ander evangelie, en dat is geen evangelie. Er zijn echter sommigen, die u in verwarring brengen en het evangelie van Christus willen verdraaien. Maat ook al zouden wij, of een engel uit de hemel, u een evangelie verkondigd hebben, afwijkend van hetgeen wij u verkondigd hebben, die zij vervloekt!

Zelfs vandaag, zijn sommige mensen geoordeelde ketters, ondanks dat ze nooit Jezus Christus verloochend hebben, maar enkel het evangelie van Christus preken en de levende God verkondigen door het te demonstreren en te werken met Zijn kracht.

Oordeel anderen niet willekeurig als ketters

Ik heb ook een serie van beproevingen geleden en verdragen door aangeklaagd te worden voor ketterij, terwijl ik de kracht van God demonstreerde en mijn kerk groter werd. In feite, is de grote van de gemeente gegroeid naar meer dan 120, 000 leden in de laatste drie decennia, sinds de kerk werd opgericht in 1982.

Ik heb aan vele ziekten geleden, gedurende zeven jaar, en werd door de kracht van God in één keer genezen. Toen probeerde ik te leven voor de glorie van God, of ik nu dronk of at zoals de Apostel Paulus deed. Ik plaatste mijn leven in Gods hand en richtte mij enkel op "Alleen Jezus, altijd Jezus."

Vanaf de tijd dat ik een leek was, probeerde ik te getuigen dat God mij genezen had en preekte ik het evangelie. Nadat ik geroepen werd als een dienaar van God, preekte ik de Boodschap van het Kruis en verkondigde de levende God en Jezus, de Redder. Ik getuigde zelfs van God, wanneer ik een huwelijksdienst deed, omdat ik vurig begeerde om meer mensen te leiden naar de weg van redding.

Ik besefte dat beiden, het krachtige Woord van God en het bewijs van de levende God noodzakelijk waren om een getuige te zijn van de Here, tot het einde der aarde. Dus, bad ik ijverig, net zoals de voorvaders van het geloof deden, om de kracht van God te ontvangen, en alle beproevingen aan mij gegeven, te doorstaan met dankbaarheid en vreugde.

Soms waren er zelfs de beproevingen des doods. Hoe dan ook, zoals Jezus de glorie ontving na Zijn onberispelijke dood, vermeerderde God mijn kracht in overeenstemming met Zijn wil, iedere keer wanneer ik de beproevingen één voor één overwon.

Iedere keer wanneer ik getuigde over de hele wereld - in Kenia, Oeganda, Honduras, Japan, zelfs het zware Moslim Pakistan en het Hindoe India – sinds 2000, waarom God de enige ware God is, en waarom je gered bent, als je in Jezus Christus gelooft, was het resultaat dat tienduizenden mensen zich bekeerden, blinden zicht ontvingen, de stomme spraken, de doven hoorden, en de ongeneselijke ziektes, zoals AIDS en verschillende kankers werden genezen. Deze wonderen hebben God verheerlijkt op een grote wijze.

Daarom, iemand die volledig begrijpt wat ketterij is, oordeelt niet onvoorzichtig anderen als ketters. In Handelingen 5: 33-42, lees je over Gamaliël, een wetgeleerde, die geëerd werd door het hele volk. Hoe handelde hij?

Op dat moment, verboden de farizeeërs van de Sahendrin, Petrus en Johannes om te getuigen over Jezus Christus, maar zij waren gevuld met de Heilige Geest en gehoorzaamden de Raad niet. Dus, de leden van de Sahendrin wilden de apostels doodden. En toch, stond Gamaliël op in de Sahendrin en gaf het bevel om de mannen even naar buiten te brengen. Toen sprak hij hen toe:

Mannen van Israël, overweegt wel, wat gij met deze mensen zult doen! Want vóór deze dagen stond Teudas op, die beweerde, dat hij iets was, en een aantal van ongeveer vierhonderd man sloot zich bij hem aan; maar hij werd gedood en zijn gehele aanhang viel uiteen en verliep. Na hem stond Judas de Galileeër op, in de dagen der inschrijving, en kreeg vele afvalligen op zijn hand, maar ook deze is omgekomen en zijn gehele aanhang is uiteengeslagen. En nu zeg ik u: Laat u niet in met deze mensen en laat hen geworden; want indien dit streven of dit werk uit mensen is, zal het vernietigd worden, maar indien het uit God is, zult gij hen niet kunnen vernietigen; het mocht eens blijken dat gij tegen God strijdt. (Handelingen 5:35-39).

Als je dit gedeelte leest, besef je dat als een wonderlijk werk niet van of uit God was, het uiteindelijk zou falen, zelfs als mensen geen actie ondernamen om het te stoppen. En toch, als ze zich verzetten tegen de werken van God of ze verstoren, zullen ze niet in staat zijn om deze werken te stoppen. In plaats daarvan is hun poging niets anders dan vechten tegen God en zullen ze onderworpen worden aan Zijn straf en oordeel.

Soms oordelen mensen anderen als ketters omdat ze een andere uitleg van de Bijbel hebben, visioenen van de Heilige Geest, en zelfs tongen, ook al erkennen ze de Drie-eenheid en dat Jezus Christus vlees werd.

Sommige mensen zeggen zelfs dat ze de tongen en visioenen niet nodig hebben, en dat deze werken van de Heilige Geest verkeerd zijn, omdat er niet in de Bijbel staat dat Jezus in tongen sprak of visioenen zag. Hoe dan ook, de Bijbel zegt dat deze goed voor ons zijn:

Maar aan een ieder wordt de openbaring van de Geest

gegeven, tot welzijn van allen. Want aan de een wordt
door de Geest gegeven met wijsheid te spreken, en aan
de ander met kennis te spreken krachtens dezelfde
Geest; aan de een geloof door dezelfde Geest en aan de
ander gaven van genezingen door die ene Geest; aan de
een werking van krachten, aan de ander profetie; aan de
een het onderscheiden van geesten, en aan de ander
allerlei tongen, en aan weer een ander vertolking van
tongen. Doch dit alles werkt één en dezelfde Geest, die
een ieder in het bijzonder toedeelt, gelijk Hij wil. (1
Korintiërs 12: 7-11).

Dus, je zou niet degene moeten lasteren of oordelen, die
andere soorten van gaven van de Geest hebben, als ketters,
omdat jij ze zelf niet ervaardt.

De Geest van waarheid en de geest der leugen

In 2 Petrus 2: 1-3, is er een uitleg over ketterij. De Bijbel
waarschuwt ons voor valse profeten en leraars die geheimelijk
vernietigende ketterijen introduceren. *"En velen zullen hun*
losbandigheden navolgen, zodat door hun schuld de weg der
waarheid gelasterd zal worden; en zij zullen uit hebzucht met
verzonnen redeneringen u als koopwaar behandelen; maar het
oordeel houdt zich reeds lang met hen bezig en hun verderf
sluimert niet." (2 Petrus 2: 2-3).

Ook in 1 Johannes 4: 1-3, staat er, *"Geliefden, vertrouwt niet iedere geest, maar beproeft de geesten, of zij uit God zijn; want vele valse profeten zijn in de wereld uitgegaan. Hieraan onderkent gij de Geest Gods; iedere geest, die belijdt, dat Jezus Christus in het vlees gekomen is, is uit God; en iedere geest die Jezus niet belijdt, is niet uit God. En dit is de geest van de anti-christ, waarvan gij gehoord hebt, dat hij komen zal, en hij is nu reeds in de wereld."*

Toets iedere geest of hij van God is of niet

Er zijn goede geesten die God toebehoren, die je leiden tot redding, terwijl er ook boze geesten zijn die je misleiden tot vernietiging.

Aan de ene kant, iemand die de Geest van God heeft, erkent dat Jezus Christus in het vlees kwam. Hij gelooft in de Drie-eenheid – God, Jezus Christus en de Geest, dus is hij verzegeld als een kind van God. Hij kan de waarheid begrijpen en leven overeenkomstig de waarheid met de hulp van de Geest.

Aan de andere kant, iemand die de geest van de anti-christ heeft, verzet zich tegen Jezus Christus, met het woord van God en verloochend Zijn verlossing. Je moet voorzichtig zijn en in staat zijn om de anti-christussen te onderscheiden, omdat een anti-christ vaak onder de gelovigen werkt, door het Woord van God te misbruiken.

In ieder geval, het verloochenen van Jezus Christus is geen verschil met het vechten tegen God, die Hem gezonden heeft in deze wereld.

De Bijbel waarschuwt ons voor de ant-christ in 2 Johannes 1:
7-8, als volgt:

Want er zijn vele misleiders uitgegaan in de wereld,
die de komst van Jezus Christus in het vlees niet
belijden. Dit is de misleider en de anti-christ. Let op
uzelf, dat gij niet verliest wat wij verricht hebben, maar
uw loon ten volle ontvangt.

In 1 Johannes 2: 19 is er een andere waarschuwing voor ons:

Zij zijn van ons uitgegaan, maar zij waren uit ons niet;
want indien zij uit ons geweest waren, zouden zij bij ons
gebleven zijn, maar aan hen moest openbaar worden
dat niet allen uit ons zijn.

Er zijn twee types van de anti-christ: de mens die bezeten is
door de geest van de anti-christ en de mens die misleid is door de
geest van de anti-christ. Overal waar de Heilige Geest verblijft,
proberen zij beiden om mensen te misleiden. Ze nemen mensen
gevangen om zich tegen het woord van God te verzetten en
misleiden hen in hun denken. Mensen van wie het denken
volledig beheerst wordt door de geest van de anti-christ, worden
"demonisch bezet" genoemd.

Wanneer een bedienaar de gave van de anti-christ heeft,
blijven de kerkleden de weg van vernietiging gaan, gevangen
door de geest van de anti-christ.

Daarom moet je duidelijk het verschil weten tussen de geest

der waarheid en de geest der leugen, om zo niet misleid te worden door de geest van de anti-christ, maar om te leven overeenkomstig de waarheid en het licht.

Hoe de geesten te onderscheiden

1 Johannes 4: 5-6 zegt, *"Zij zijn uit de wereld; daarom spreken zij uit de wereld en hoort de wereld naar hen. Wij zijn uit God, wie God kent, hoort naar ons; wie uit God niet is, hoort naar ons niet. Hieraan onderkennen wij de geest der waarheid en de geest der dwaling."*
De term "leugen" verwijst naar "een verklaring die onwaar is." De geest van leugen is een wereldse geest die jou misleidt om de leugen te geloven alsof het de waarheid is, en het laat jou de grenzen van het geloof verlaten. Namelijk, iemand die van God is, luistert naar het woord der waarheid, maar iemand die de wereld toebehoort, luistert naar wereldse gezegden, niet naar de waarheid. Dus, is het heel gemakkelijk om ze te onderscheiden. Het wordt duidelijk voor je of het nu het licht is of de duisternis, als je de waarheid kent. Dan kan je zeggen, "deze persoon is in de waarheid, maar die persoon is in de duisternis."

Bijvoorbeeld, als iemand op een zondag zegt, "Laat ons gaan picknicken, deze middag. Laat ons alleen maar de ochtend dienst bijwonen. Is dat niet goed genoeg?" Of wanneer hij probeert om het koninkrijk van God te vernietigen door boze listen te doen en toch te verklaren te geloven in God, dat is het werk van de geest der leugen.

Je kan misschien vele dingen begrijpen die God vrij aan je

geeft, als je de Geest van waarheid ontvangt, die van God is (1 Korintiërs 2: 12). Daarom verblijft de Heilige Geest in jou – Gods kostbare kind. Hij is de Geest der waarheid en leidt jou in alle waarheid. Hij spreekt niet uit zichzelf; Hij spreekt enkel dat wat Hij hoort spreken, en Hij zal je verkondigen wat nog komen gaat. Daarom, zegt Jezus in Johannes 14: 17, *"De Geest der waarheid, die de wereld niet kan ontvangen, want zij ziet Hem niet en kent Hem niet; maar gij kent Hem, want Hij blijft bij u en zal in u zijn."* Johannes 15: 26 geeft ons een andere herinnering van de Heilige Geest: *"Wanneer de Trooster komt, die Ik u zenden zal van de Vader, de Geest der Waarheid, die van de Vader uitgaat, zal deze van Mij getuigen;."*

1 Korintiërs 2: 10 zegt *"Want óns heeft God het geopenbaard door de Geest. Want de Geest doorzoekt alle dingen, zelfs de diepten Gods."* Zoals geschreven staat, de Heilige Geest alleen, is de enige die Gods gedachten volledig kent en waarneemt.

Dus, degene die de Geest der waarheid hebben ontvangen, luisteren naar het woord der waarheid en gehoorzamen het. Hoe meer het Koninkrijk van God en Zijn gerechtigheid uitbereiden, hoe meer zij zich verheugen. Ze zijn vol van leven, verlangende naar het hemelse koninkrijk.

En toch, zijn er sommige die naar de kerk gaan zonder vreugde, omdat ze niet Gods opwekkende geloof bezitten. Ze behoren nog steeds de wereld toe en verkiezen wereldse dingen zoals geld en plezier. Dus, kunnen ze niet in de waarheid leven, verlangen naar het hemelse koninkrijk, of God lief hebben met hun hele hart.

Tenslotte, verlaten deze mensen God door de geest der leugen, omdat ze de wereld toebehoren en niet de Geest der waarheid hebben. Ook wanneer iemand roddelt of lastert over andere broeders en zusters in het geloof of anderen verstoort in afgunst omdat ze getrouw zijn aan Gods koninkrijk en Zijn gerechtigheid, is hij niet van de Geest der waarheid.

Laat niemand jou op een dwaalspoor brengen

1 Johannes 3: 7 waarschuwt ons als volgt: *"Kinderkens, laat niemand u misleiden. Wie de rechtvaardigheid doet, is rechtvaardig, gelijk Hij rechtvaardig is."* Je zou niet moeten afwijken van Gods Woord, zodat je niet misleid wordt door leugenachtige kennis, omdat niets anders dan het Woord van God jou kan onderwijzen. Alleen dan, zal je de volledige redding ontvangen, voorspoedig zijn in deze wereld, en genieten van het eeuwige leven in het hemelse Koninkrijk.

Hoe dan ook, de duivel zorgt met elke poging om te voorkomen dat Gods kinderen leven door het Woord en laat je compromiteren met de wereld, wegkeren van God, twijfelen aan Hem, en je verzetten tegen Hem. In 1 Petrus 5: 8 staat er, *"Wordt nuchter en waakzaam. Uw tegenpartij de duivel, gaat rond als een brullende leeuw, zoekende wie hij zal verslinden."*

Hoe kan de vijand duivel en satan dan de kinderen van God misleiden? Je kan dit vergelijken met een vrouw die verleid wordt door een man. Als een vrouw zichzelf gedraagt met gepastheid en waardigheid, en gedraagt op een welgepaste manier, zullen de mannen nog niet eens durven om haar te verleiden. Anders, kunnen mannen haar gemakkelijk verleiden die zich niet gepast gedragen. Op gelijke wijze, zullen de vijand duivel en satan hen benaderen die niet standvastig zijn in de waarheid en twijfelen aan God. De duivel verleidt die mensen om zich af te keren van God en zich te verzetten tegen Hem en leidt hen uiteindelijk op de weg van de dood. Eva was ook verleid door de duivel, omdat ze overvallen werd door het woord van God te verdraaien. Natuurlijk kan je beproeving hebben, ook al heb je er geen schuld aan. Dit komt, omdat God je wil zegenen, je kan dat zien door te kijken naar Daniëls beproeving van in de leeuwenkuil geworpen te worden of Abrahams beproeving om zijn zoon te offeren als een brandoffer.

Wanneer je door beproeving of moeilijkheden gaat omdat je niet standvastig staat in de waarheid, zou je je onmiddellijk moeten afkeren van je zonden met bekering, alle verzoekingen en beproevingen moeten uitdrijven door het Woord van God, en je best proberen te doen om standvastog te staan op de rots der waarheid.

Sta standvastig in de waarheid; wordt niet misleid

In 1 Timoteüs 4: 1-2, schrijft de auteur, *"Maar de Geest zegt nadrukkelijk, dat in latere tijden sommigen zullen afvallen van het geloof, doordat zij dwaalgeesten en leringen van boze geesten volgen, door de huichelarij van leugensprekers, die in hun eigen geweten gebrandmerkt zijn."*

Dit verwijst naar latere tijden, gedurende welke sommige mensen die beweren dat ze geloof hebben, zich zullen afkeren van hun geloof door het volgen van dwaalgeesten en leringen van boze geesten. De misleidde zijn hypocriet, zelfs al lijken hun daden gelovig en rechtvaardig. Ze bidden voor anderen, en proberen getrouw te zijn vanwege geld, en niet uit dankbaarheid voor Gods genade. Tenslotte, verlaten ze hun geloof en gaan op de weg van de dood, omdat hun geweten gebrandmerkt is door het liegen, leven zonder de waarheid, en toe te geven aan wereldse pleziertjes. God waarhschuwt je nauwkeurig door de Bijbel om niet misleid te zijn. Jezus waarschuwt ons in Matteüs 7: 15-16: *"Wacht u voor de valse profeten, die in schapevacht tot u komen, maar van binnen zijn zij roofgierige wolven. Aan hun vruchten zult gij hen kennen: men leest toch geen druiven van dorens of vijgen van distels?"*

Iemands woorden en daden, laten zijn gedachten en wil zien. Dat wil zeggen je bent in staat om mensen te herkennen aan hun vruchten. Als iemand de vrucht van de boze heeft, zoals haat, naijver, en jaloezie, in plaats van de vrucht van waarheid, goedheid en rechtvaardigheid, is hij een valse profeet.

Vele valse profeten, de anti-christ, zijn al in deze wereld. Daarom moeten de kinderen van God een gezond verstand hebben, over ketterij, en onderscheiding hebben tussen de geest van waarheid en de geest der leugen.

De vijand duivel en satan, missen nooit de gelegenheid om Gods kinderen te misleiden en laat hen zondigen iedere keer wanneer ze wegdwalen van de waarheid. Wanneer je stabiel in de waarheid bent en gehoorzaamt, zal je niet misleid worden door de geest der leugen, maar zal je het gemakkelijk overwinnen, ook al nadert het jou.

Je moet niet toegeven of je houden aan een ander onderwijs of misleid worden door die onderwijzingen, welke tegen de waarheid zijn. In plaats daarvan, gehoorzaam het woord van God en volg de verlangens van de Heilige Geest, zodat je moedig en onberispelijk zal zijn voor de wederkomst van onze Here Jezus Christus.

Jezus zegt ons dat *"Een goed mens brengt uit zijn goede schat goede dingen voort, en een slecht mens uit zijn boze schat boze dingen. Maar ik zeg u: Van elk ijdel woord, dat de mensen zullen spreken, zullen zij rekenschap geven op de dag des oordeels, want naar uw woorden zult gij gerechtvaardigd worden, en naar uw woorden zult gij veroordeeld worden."* (Matteüs 12: 35-37).

De goede mens heeft een goed hart en kan geen kwaad veroorzaken en anderen mensen pijnigen, ongeacht of ze nu wel of niet gunstig zijn voor zichzelf.

Hoe dan ook, de boze mens kan zich niet verheugen in de waarheid. Hij brengt alle kwaad om anderen te laten struikelen vanwege naijver en jaloezie. Ook al lijkt zijn spreken juist en rechtvaardig, kan je niet zeggen dat hij een goede mens is, als hij bedoeld om kwaad te spreken over anderen of een personen van elkaar te vervreemden.

Daarom moet je altijd bidden en waakzaam zijn zodat je niet misleid wordt. Je moet in staat zijn om geesten te onderscheiden of ze waar zijn of niet en oordeel nooit over anderen. Bovendien moet je in geloof staan in de Drie-eenheid – de Vader, de Zoon en de Geest, geloof de hele Bijbel, en gehoorzaam het en leef er door.

"Kom, Heer Jezus!"

De Auteur
Dr. Jaerock Lee

Dr. Jaerock Lee werd geboren in Muan, Provincie Jeonnam, Republiek van Korea, in 1943. In zijn twintiger jaren, leed Dr. Lee aan verschillende ongeneeslijke ziektes gedurende zeven jaar en wachtte op zijn dood zonder enige hoop op herstel. Op een dag in de lente van 1974, echter, werd hij naar een kerk geleid door zijn zuster en toen hij neerknielde om te bidden, genas de levende God hem onmiddellijk van al zijn ziektes.

Vanaf die tijd, ontmoette Dr. Lee de levende God door deze wonderlijke ervaring, hij heeft God lief met zijn hele hart en in oprechtheid, en in 1978 werd hij geroepen om een dienstknecht van God te zijn. Hij bad vurig zodat hij duidelijk kon de wil van God begrijpen en het volledig te vervullen en alle woorden van God te gehoorzamen. In 1982, richtte hij de Manmin Kerk op in Seoul, Zuid-Korea, en ontelbare werken van God, inclusief wonderlijke wonderen van genezing en tekenen, hebben plaats gevonden in zijn kerk.

In 1986, werd Dr. Lee aangesteld als een voorganger in de Jaarlijkse Assembly of Jesus' Sungkyul Kerk van Korea, en 4 jaar later in 1990, werden zijn boodschappen uitgezonden in Australië, USA, Rusland, de Filippijnen en nog meer landen door de Far East Broadcasting Company, de Asia Broadcast Station, en de Washington Christian Radio System.

Drie jaar later in 1993, werd de Manmin Central kerk uitgekozen tot een van de "werelds top 50 kerken" door het *Christian World* magazine (US) en hij ontving een Ere doctoraat van Godgeleerdheid van het Christian Faith College, Florida, USA, en in 1996 een Ph. D. in de Bediening van Kingsway Theological Seminary, Iowa, USA.

Sinds 1993, heeft Dr. Lee de leiding genomen in de wereld zending door vele overzeese campagnes in Tanzania, Argentinië, Oeganda, Japan, Pakistan, Kenia, de Filippijnen, Honduras, India, Rusland, Duitsland, Peru, Democratisch Republiek van Kongo, Israël, Estland en New York van de USA, en in 2002 werd hij een "wereldwijde voorganger" genoemd door de grootste Christelijke krant in Korea voor zijn werk in de verschillende overzeese campagnes.

Vanaf februari 2012, is Manmin Central Kerk een gemeente met meer 120,000 leden en 10,000 binnenlandse en buitenlandse dochtergemeentes over de hele wereld, en heeft meer dan 129 zendelingen uitgezonden naar 23 landen, inclusief de Verenigde Staten, Rusland, Duistland, Canada, Japan, China, Frankrijk, India, Kenia, en veel meer.

Tot op heden, heeft Dr. Lee 64 boeken geschreven, inclusief bestsellers als *Tasting Eternal Life before Death*, *My Life My Faith*, *The Message of the Cross*, *The Measure of Faith*, *Heaven I & II*, *Hell*, en *The Power of God*, en zijn werken zijn vertaald in meer dan 73 talen.

Dr. Lee is tegenwoordig oprichter en president van een aantal zendingsorganisaties en verenigingen, evenals voorzitter, The United Holiness Church of Jesus Christ; President, Manmin World Mission; Oprichter en bestuursvoorzitter, Global Christian Network (GCN); Oprichter en Bestuursvoorzitter, The World Christian Doctors Network (WCDN); and Oprichter en Bestuursvoorzitter, Manmin International Seminaar (MIS).

De Hemel I

Een gedetailleerde weergave van een prachtige leefomgeving waar de hemelburgers genieten en een mooie omschrijving van de verschillende niveaus van hemelse koninkrijken.

De Hemel II

Nodigt u uit tot de Heilige Stad van het Nieuwe Jeruzalem, waarvan de twaalf poorten gemaakt zijn van stralende parelen, welke te midden van een enorme hemel straalt, en straalt als zeer kostbare edelstenen.

De Hel

Een ernstige boodschap voor de gehele mensheid van God, die niet wil dat ook maar een ziel valt in de diepten van de Hel! U zult ontdekken de nooit-eerder-geopenbaarde weergave van de wrede realiteit van het Ondergraf Hades en de Hel.

Het Eeuwige Leven Smaken voor de Dood

Een getuigenis boek van Dr. Jaerock Lee, die wederom geboren werd en gered werd van de vallei van de schaduw des doods en een volmaakt voorbeeldig Christelijk leven leidt.

De Mate van Geloof

Wat voor soort verblijfplaats, kroon en beloningen zijn voor u voorbereid in de hemel? Dit boek voorziet van wijsheid en leiding voor u om uw geloof te meten en ontwikkelt de beste en meest volwassen geloof.

www.ingramcontent.com/pod-product-compliance
Lightning Source LLC
Chambersburg PA
CBHW061604120626
46550CB00004B/1606